Studien zur Mobilitäts- und Verkehrsforschung 4

Heinz Hautzinger
Freizeitmobilitätsforschung – Theoretische und methodische Ansätze

Studien zur Mobilitäts- und Verkehrsforschung

Herausgegeben von Matthias Gather, Andreas Kagermeier und Martin Lanzendorf

Band 4

Heinz H a u t z i n g e r (Hrsg.)

Freizeitmobilitätsforschung
– Theoretische und methodische Ansätze

Mit 34 Abbildungen und 21 Tabellen

2003

Verlag MetaGIS Infosysteme, Mannheim

Umschlagfotos: Bernd Schaaf, Matthias Pfeil

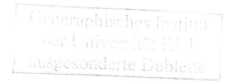

© 2003
Printed in Germany
Fotosatz: Angewandte Anthropogeographie und Geoinformatik, Universität Paderborn
Umschlaggestaltung und Layout: Peter Blank
Verlag: Verlag MetaGIS Infosysteme, Mannheim

Die Deutsche Bibliothek – CIP Einheitsaufnahme

Freizeitmobilitätsforschung – Theoretische und methodische Ansätze /
Heinz Hautzinger (Hrsg.)
– Mannheim: Verlag MetaGIS Infosysteme, 2003
  (Studien zur Mobilitäts- und Verkehrsforschung; Bd. 4)
  ISBN 3-936438-04-8
  NE: Heinz Hautzinger (Hrsg.); GT

Inhaltsverzeichnis

Verzeichnis der Autorinnen und Autoren

Dr. Wolfgang Fastenmeier

mensch-verkehr-umwelt
Institut für Angewandte Psychologie
Thalkirchner Straße 76, D-80337 München
E-Mail: wfastenmeier@mensch-verkehr-umwelt.de

Dr. Herbert Gstalter

mensch-verkehr-umwelt
Institut für Angewandte Psychologie
Thalkirchner Straße 76, D-80337 München
E-Mail: hgstalter@mensch-verkehr-umwelt.de

Prof. Dr. Heinz Hautzinger

Institut für angewandte Verkehrs- und Tourismusforschung e.V. (IVT)
Kreuzäckerstraße 15, D-74081 Heilbronn
E-Mail: h.hautzinger@ivt-heilbronn.de

Dr. Martin Lanzendorf

Utrecht University
Faculty of Geographical Sciences
Urban Research Centre Utrecht
P.O. Box 80.115, NL-3508 TC Utrecht
E-Mail: m.lanzendorf@geog.uu.nl

Dipl.-Soz. Ulf Lehnig

mensch-verkehr-umwelt
Institut für Angewandte Psychologie
Thalkirchner Straße 76, D-80337 München
E-Mail: ulehnig@mensch-verkehr-umwelt.de

Dr.-Ing. Lothar Neumann

SSP Consult Beratende Ingenieure GmbH
Heßbrühlstraße 21c, D-70565 Stuttgart
E-Mail: neumann@stgt.ssp-consult.de

Dipl.-Ing. Matthias Pfeil

ISUP Ingenieurbüro für Systemberatung und Planung GmbH
Leipziger Straße 120, D-01127 Dresden
E-Mail: matthias.pfeil@isup.de

Dipl.-Soz. Manfred Pfeiffer

Institut für angewandte Verkehrs- und Tourismusforschung e.V. (IVT)
M 4,10, D-68161 Mannheim
E-Mail: pfeiffer@ivt-mannheim.de

Dipl.-Geogr. Beate Reiners

Institut für angewandte Verkehrs- und Tourismusforschung e.V. (IVT)
M 4,10, D-68161 Mannheim
E-Mail: reiners@ivt-mannheim.de

Dipl.-Geogr. Bernd Schaaf

SSP Consult Beratende Ingenieure GmbH
Heßbrühlstraße 21c, D-70565 Stuttgart
E-Mail: schaaf@stgt.ssp-consult.de

Einführung

Heinz Hautzinger

Im vorliegenden Band der Reihe „Studien zur Mobilitäts- und Verkehrsforschung" sind die Vorträge eines Workshops zusammengestellt, der am 17.10.2002 in Mannheim unter dem Titel „Theoretische Erklärung und empirische Messung von Freizeitmobilität" abgehalten wurde. Dieser Workshop war Teil des vom Bundesministerium für Bildung und Forschung geförderten Verbundprojekts ALERT (Alltags- und Erlebnisfreizeit), eines von 6 Projekten aus dem Förderschwerpunkt Freizeitverkehr des BMBF.

Auf der Basis von im Projekt zu entwickelnden theoretischen Erklärungsansätzen und empirischen Methoden werden in ALERT exemplarisch im Rahmen von zwei Demonstrationsvorhaben, dem „Cospudener See" im Südraum von Leipzig und der „Landesgartenschau Ostfildern 2002" konkrete Handlungsansätze und Maßnahmen zur Beeinflussung des Freizeitmobilitätsverhaltens implementiert und umgesetzt. Diese Maßnahmen werden unter anderem durch Vor-Ort-Untersuchungen auf ihre Wirkung hin getestet und beurteilt. Die konkreten Evaluationsergebnisse werden Gegenstand einer weiteren Veröffentlichung bzw. eines Leitfadens sein, der mit Ende des Projekts verfügbar sein wird. Nähere Informationen zu dem Verbundprojekt ALERT gibt es unter www.alert2000.de oder bei den einzelnen Projektpartnern.

Die vorliegende Workshop-Dokumentation fasst den damaligen Erkenntnisstand im Projekt ALERT hinsichtlich der theoretischen Erklärung und empirischen Messung von Freizeitmobilität zusammen. Nach einer Kurzdarstellung der beiden Demonstratoren werden im methodischen Teil stichprobentheoretische und erhebungstechnische Aspekte von Befragungen am Aktivitätsort sowie die Evaluation freizeitmobilitätsbezogener Maßnahmen behandelt. Weitere Beiträge haben theoretische Perspektiven der Freizeitmobilität zum Gegenstand, insbesondere geht es dabei um Freizeitmotive und -aktivitäten sowie um Gewohnheiten und Routinen in der Freizeitmobilität. Allen Autoren gilt mein herzlicher Dank.

Besonders danken möchte ich Herrn Dr. Martin Lanzendorf von der Universität Utrecht, der als Gastreferent gewonnen werden konnte. Mit seinem Beitrag zum Thema „Freizeitmobilität und Routinen" präsentierte er neue Aspekte und trug zugleich zur Bestätigung unserer eigenen Ergebnisse und Erfahrungen bei.

Ein besonders herzliches Dankeschön gilt weiterhin Frau Dipl.-Geogr. Beate Reiners, die den Workshop erfolgreich organisierte und für die rasche Veröffentlichung der Workshop-Beiträge sorgte.

Heilbronn, im März 2003

Heinz Hautzinger

Hautzinger, Heinz (Hrsg.): Freizeitmobilitätsforschung –Theoretische und methodische Ansätze.
Mannheim 2003, S. 11 - 20 (= Studien zur Mobilitäts- und Verkehrsforschung, Bd. 4)

Verbundprojekt ALERT:
Gegenstand und Demonstrationsvorhaben

H. Hautzinger, L. Neumann, M. Pfeil, B. Reiners & B. Schaaf

Zusammenfassung

Das ALERT-Projekt (Alltags- und Erlebnisfreizeit) ist Teil des vom Bundesministerium für Bildung und Forschung geförderten Forschungsprogramms „Freizeitverkehr".

Im Rahmen des vorliegenden Beitrages werden die beiden Demonstratoren des Projektes, der Cospudener See und die Landesgartenschau Ostfildern, kurz dargestellt.

Der Demonstrator Cospudener See

Der unmittelbar südlich von Leipzig gelegene Cospudener See entstand durch die Flutung eines ehemaligen Braunkohletagebaus und war im Jahr 2000 erstmals der Öffentlichkeit zugänglich. Seitdem avancierte der See zum wichtigsten Naherholungsgebiet der Stadt Leipzig. Vor allem im Sommer erfreut sich der See großer Beliebtheit.

Aufgrund seiner Lage und der guten Erreichbarkeit mit allen Verkehrsmitteln ist der Cospudener See sehr gut geeignet, das Mobilitätsverhalten in der Alltagsfreizeit zu untersuchen. Zudem waren am Cospudener See Vorher/Nachherbetrachtungen möglich, weil zum Zeitpunkt seiner Einweihung die Gestaltung des Seeumfeldes noch nicht vollständig abgeschlossen war und nicht alle Maßnahmen der Verkehrserschließung umgesetzt waren.

Der Demonstrator Landesgartenschau Ostfildern

Als zweiter Demonstrator im Projekt ALERT wurde die Landesgartenschau Ostfildern in Baden-Württemberg ausgewählt. Sie fand von April bis Oktober 2002 statt und konnte rund 950.000 Besucher anziehen. Die Landesgartenschau Ostfildern stellte eine Zwischennutzung in einem Stadtentwicklungsgebiet dar – für Gartenschauen ein ungewöhnliches und neuartiges Konzept. Wesentliche Bestandteile der Verkehrserschließungsplanung waren ein Leit- und Parkkonzept für Pkw und Busse sowie eine leistungsfähige Stadtbahnerschließung, ergänzt um mehrere lokale Buslinien. Um die An- und Abreise mit öffentlichen Verkehrsmitteln zu fördern, wurden die Eintrittskarten auch in Form eines ÖPNV-Kombitickets angeboten und intensiv beworben.

Summary

The ALERT-project (Alltags- und Erlebnisfreizeit) is a part of the research programme „leisure mobility" which is funded by the Federal Ministry of Education and Research.

Within this essay the demonstrators of the project the „Cospudener See" and the „Landesgartenschau Ostfildern 2002" (horticultural exhibition of the German Bundesland Baden-Württemberg) will be introduced shortly.

Description of the demonstator „Cospudener See"

The „Cospudener See" is a lake south of the City of Leipzig that came into existence after the flooding of a former surface cool mining. It was opened to the public in Summer 2000 and became one of the most important recreation areas around Leipzig. Especially in summer numerous people haunt the lake.

Thanks to its favourable position and the good access by all means of transport the lake is a good sample to analyse mobility behaviour in leisure time. Furthermore it was possible to do comparative studies before and after, because a lot of measures concerning the accessibility of the lake and also the landscape design around the lake were realised after the opening in 2000.

Description of the demonstator „Landesgartenschau Ostfildern 2002"

As a second demonstrator of the ALERT (Alltags- und Erlebnisfreizeit) project the „Landesgartenschau Ostfildern 2002" (horticultural exhibition of the German Bundesland Baden-Württemberg) was chosen. It was held from April to October 2002 and attracted about 950,000 visitors. This horticultural exhibition had the form of an interim land use within a city development area – for horticultural exhibitions in Germany an exceptional and new concept. Crucial parts of the traffic concept were a guidance and parking concept for passenger cars and coaches as well as an urban railway line and several bus lines. In order to promote trips by public transport, combined tickets valid for exhibition entrance and use of public transport were offered, accompanied by intense promotion for these tickets.

1   Das BMBF-Projekt „Alltags- und Erlebnisfreizeit" (ALERT)

Am 17. Oktober 2002 fand in Mannheim der Workshop „Theoretische Erklärung und empirische Messung von Freizeitmobilität" statt. Die Beiträge zu dieser Veranstaltung sind im vorliegenden Band zusammengefasst.

Der Workshop war Bestandteil des vom Bundesministerium für Bildung und Forschung (BMBF) geförderten Verbundprojektes ALERT (Alltags- und Erlebnisfreizeit), welches von einer interdisziplinären Projektgruppe bearbeitet wird.

Abb. 1: ALERT-Projekt-Logo

Das Konsortium setzt sich dabei aus folgenden Institutionen zusammen:

- Institut für angewandte Verkehrs- und Tourismusforschung e.v. (IVT) Heilbronn/Mannheim
- mensch-verkehr-umwelt – Institut für Angewandte Psychologie München
- ISUP Ingenieurbüro für Systemberatung und Planung GmbH Dresden
- Mitteldeutscher Verkehrsverbund GmbH Leipzig/Halle
- SSP Consult Beratende Ingenieure GmbH Stuttgart
- Landesgartenschau Ostfildern Dienstleistungs- und Management GmbH Ostfildern

Im Rahmen des Projekts ALERT werden mit Blick auf eine nachhaltige Beeinflussung der Mobilität im Bereich Alltags- und Erlebnisfreizeit wissenschaftlich fundierte Erklärungs- und Gestaltungsansätze anwendungsbezogen entwickelt, erprobt und optimiert.

Voraussetzung für eine effiziente Verhaltensbeeinflussung ist die Entwicklung eines theoretischen Rahmens für die Abgrenzung und Differenzierung von Freizeit und Freizeitaktivitäten sowie eines Ansatzes zur Erklärung des Mobilitätsverhaltens in der Freizeit. Um die hierfür benötigten empirischen Daten in der geforderten Qualität zu erhalten, ist die methodische Weiterentwicklung von Erhebungs-, Analyse- und Prognoseinstrumenten der Freizeitmobilitätsforschung ein weiterer Schwerpunkt des Projekts.

Auf Grundlage der genannten Erklärungsansätze und Methoden werden exemplarisch im Rahmen von zwei Demonstrationsvorhaben konkrete Maßnahmen („Interventionen") entwickelt und umgesetzt. Diese spezifischen Interventionen werden anschließend einer Evaluation unterzogen, um ihre Wirksamkeit bezüglich der Beeinflussung des Freizeitmobilitätsverhaltens beurteilen zu können.

Die bisher im Projekt erzielten Ergebnisse wurden im Rahmen des ALERT-Workshops der Fachöffentlichkeit bekannt gemacht und zur Diskussion gestellt.

2   Der Demonstrator Cospudener See

2.1   Der Cospudener See

Der Cospudener See befindet sich unmittelbar südlich der Stadt Leipzig. Ein Teil der Fläche des Sees gehört zum Stadtgebiet Leipzig selbst, der größte Teil des Sees zum Territorium der Nachbarstadt Markkleeberg. Der Cospudener See entstand durch die Sanierung des Tagebaurestloches Cospuden und wurde im Jahr 2000 als Badesee eröffnet. Inzwischen erfreut sich der See großer Beliebtheit, vor allem bei der Leipziger und Markkleeberger Bevölkerung. Das Besucheraufkommen erreicht an Spitzentagen mehr als 18.000 Besucher. Es wird geschätzt, dass zwischen Mai und Oktober etwa 650.000 Besucher den See aufsuchen.

Bedingt durch seine Lage und die Erreichbarkeit mit allen Verkehrsmitteln ist der Cospudener See ein beliebtes Naherholungsgebiet und somit im Rahmen des Forschungsvorhabens ALERT hervorragend geeignet, um das Mobilitätsverhalten in der Alltagsfreizeit abzubilden. Wegen der erst kurz zurückliegenden Eröffnung waren nach 2000 noch zahlreiche Maßnahmen bezüglich der Verkehrserschließung des Sees und bauliche Maßnahmen innerhalb des Seegeländes notwendig. Daraus ergab sich die Möglichkeit, mittels Vorher/Nachheruntersuchungen zu evaluieren, wie sich einzelne Maßnahmen auf das Besucherverhalten und insbesondere auf das Mobilitätsverhalten bei der Anreise zum See auswirken. Andererseits konnten die Ergebnisse der Vorheruntersuchung auch dazu verwendet werden, einzelne Verkehrsangebote bedarfsgerecht zu entwickeln.

Die Abbildung 2 zeigt den Cospudener See. Die Besucher konzentrieren sich vor allem auf die als Badestrände gestalteten Nord- und Ostufer, während der Weststrand und der gesamte Bereich südlich des Hafens naturnah gestaltet wurden und nur extensiv genutzt werden.

2.2   Die Verkehrserschließung

Das Gelände um den Cospudener See ist für Kfz gesperrt und kann nur von Fußgängern und Radfahrern betreten bzw. befahren werden. Um den See führt ein ufernaher Rundweg, der vor allem für Radfahrer eine beliebte Ausflugsstrecke ist. Bereits von Beginn an hatte die Radverkehrserschließung einen hohen Stellenwert. Aus dem Leipziger Stadtgebiet ist der See durch den südlichen Auenwald auf einem gut ausgebauten, straßenunabhängigen Wegenetz mit dem Rad erreichbar. Anfangs noch bestehende Defizite, z. B. unzureichend gesicherte Querungsstellen und fehlende Radwege an relevanten Hauptverkehrsstraßen sowie unzureichende Abstellmöglichkeiten am See, konnten durch entsprechende Maßnahmen beseitigt werden.

Am Expopavillon im Norden des Geländes und oberhalb des Hafens in Zöbigker (Ostufer) befinden sich großräumige Besucherparkplätze. Zwischen dem Parkplatz am Expopavillon und dem Nordstrand (etwa 1,3 km) pendelt ein Shuttlebus.

Die Stadtbuslinie 65, die zwischen Leipzig Grünau und Markkleeberg Bahnhof verkehrt, durchfährt das Seegelände im Norden und hält dabei an zwei Haltestellen unmittelbar am Nordstrand. Somit gelangen die Besucher mit dem ÖPNV näher zum Strand als mit dem Pkw.

Am 1. August 2001 wurde ein einheitlicher Verbundtarif für das Gebiet des Mitteldeutschen Verkehrsverbundes eingeführt. Somit kann der Cospudener See aus allen Quellgebieten, die innerhalb des Verbundraumes liegen, mit einem Fahrschein erreicht werden. Bei der Tarifgestaltung wurde die sich aus den ALERT-Befragungen ergebende Nachfrage nach Gruppentickets und Gruppenermäßigungen berücksichtigt. Die anfangs angebotenen Familientageskarten (2 Erwachse und 3 Kinder) wurden durch Gruppentageskarten ersetzt. Sie berechtigen jeweils 5 Erwachsene bzw. Kinder zur Nutzung des ÖPNV.

Während der Hauptbadesaison 2002 verkehrte erstmals eine zusätzliche Buslinie (Linie 79) als Direktverbindung zwischen dem Leipziger Osten und dem Cospudener See. Für dieses neue ÖPNV-Angebot wurde ein eigenes Vermarktungskonzept erstellt und umgesetzt.

Abb. 2: Der Cospudener See, Verkehrserschließung, Stand: Sommer 2000

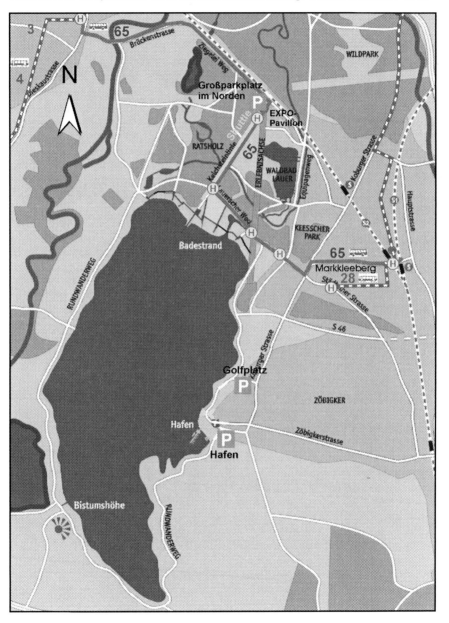

3   Der Demonstrator Landesgartenschau Ostfildern 2002 (Baden-Württemberg)

3.1. Die Landesgartenschau

Als zweiter Demonstrator im Projekt ALERT wurde die Landesgartenschau Ostfildern in Baden-Württemberg ausgewählt. Sie fand vom 26. April bis 6. Oktober 2002 statt und konnte rund 950.000 Besucher anziehen.

Die Stadt Ostfildern, süd-östlich von Stuttgart gelegen, hat rund 30.000 Einwohner, die sich auf fünf Stadtteile verteilen. Die Landesgartenschau Ostfildern stellte eine Zwischennutzung in einem Stadtentwicklungsgebiet dar – für Gartenschauen ein ungewöhnliches und neuartiges Konzept. Veranstaltungsort war der neu entstehende Stadtteil „Scharnhauser Park", der im Endausbau auf einer Fläche von 140 ha rund 9.000 Einwohner und rund 2.500 Arbeitsplätze aufnehmen soll – in der Region Stuttgart das derzeit größte Städtebauprojekt. Das Entwicklungskonzept geht auf die Umnutzung eines ehemaligen Kasernenareals zurück.

Die Abbildung 3 zeigt den Lageplan des Geländes inmitten des Stadtteils „Scharnhauser Park" (geplante und bereits vorhandene Gebäude sind in hellgrau dargestellt).

Das gestalterische Konzept der Gartenschau hat mit dem Motto „Traumfelder" die umgebende Kulturlandschaft der Filderebene thematisiert und in ein kleinteiliges Ausstellungskonzept umgesetzt. Neben den Gartenanlagen sind Ausstellungshallen mit Blumenschauen, Veranstaltungsflächen sowie Spiel- und Erlebnisflächen entstanden. Der in Abbildung 4 wiedergegebene Detailplan verdeutlicht das Konzept des 20 ha großen Schaubereichs.

Neben den gartenschautypischen Angeboten und Veranstaltungen sind als weitere herausragende Anziehungspunkte zu nennen:

- Riesenrad (Fahrt im Gartenschau-Eintrittspreis eingeschlossen)
- Traumzelt (regelmäßige Veranstaltungen für Kinder)
- Trendsportfeld für Kinder und Jugendliche (Skaten, Klettern, Beach-Volleyball usw.)
- SWR-4 Bühne (regelmäßige Musikveranstaltungen des Südwestrundfunks, Auftritte von Musikgruppen und Vereinen)

Zusätzlich zum laufenden Ausstellungs-, Vortrags- und Aktionsprogramm kamen noch Sonderveranstaltungen wie Sommerfeste (z. B. Karibische Nacht, Italienische Nacht), themenbezogene Veranstaltungen wie beispielsweise die Woche der Polizei, sowie Theater- und Musikaufführungen, Folklore- und Sportveranstaltungen hinzu. An mehreren Wochenenden wurden als besondere Attraktion Zeppelin-Rundflüge angeboten.

Die Besucher der Gartenschau waren zu zwei Dritteln Tageskartenkäufer und zu einem Drittel Dauerkarteninhaber. Es lassen sich aufgrund von Erfahrungen bei früheren Landesgartenschauen unterschiedliche Besuchergruppen unterscheiden:

- garteninteressierte Freizeitbesucher,
- kulturinteressierte Freizeitbesucher,
- veranstaltungsorientierte Freizeitbesucher (z. B. Besuch von Musikveranstaltungen, Ausstellungen, Aktionstagen usw.) sowie
- Mitglieder von Vereinen und Verbänden (gärtnerisch orientierte Verbände und Vereine auf lokaler und regionaler Ebene, land- und forstwirtschaftlich orientierte Verbände und Vereine, ebenfalls auf lokaler und regionaler Ebene).

Abb. 3: Lageplan der Landesgartenschau Ostfildern 2002

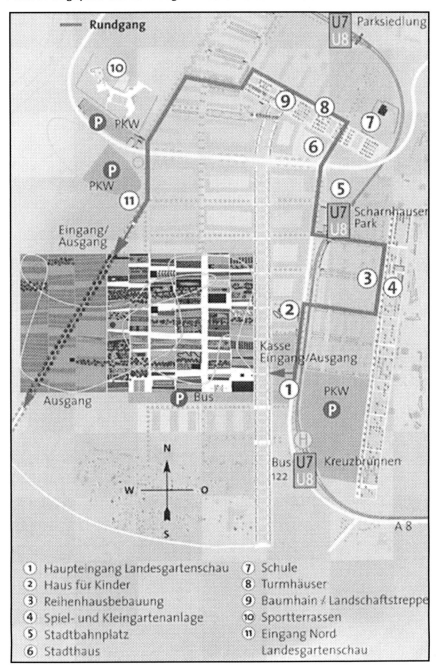

① Haupteingang Landesgartenschau ⑦ Schule
② Haus für Kinder   ⑧ Turmhäuser
③ Reihenhausbebauung   ⑨ Baumhain / Landschaftstreppe
④ Spiel- und Kleingartenanlage   ⑩ Sportterrassen
⑤ Stadtbahnplatz   ⑪ Eingang Nord
⑥ Stadthaus   Landesgartenschau

Abb. 4: Detailplan des Schaubereichs der Landesgartenschau Ostfildern 2002

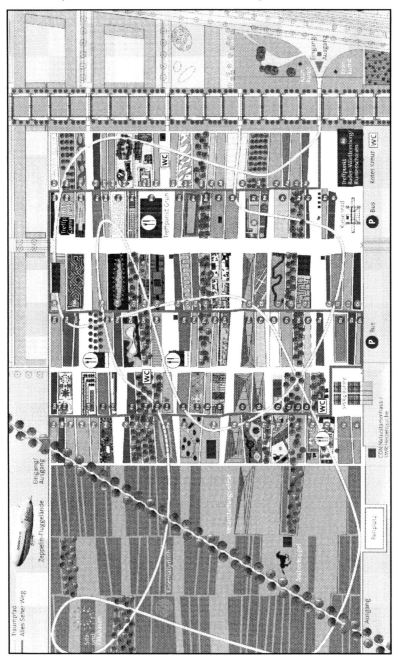

Die Gartenschau war täglich ab 9 Uhr geöffnet, der letzte Einlass war gegen 20 Uhr. Der reguläre Eintrittspreis betrug 11 Euro für Erwachsene und 3 Euro für Kinder und Jugendliche von 6 bis 17 Jahren (siehe Abb. 5). Familienkarten wurden nicht angeboten. Ab 17 Uhr wurden ermäßigte Abendkarten zu 6 Euro verkauft. Tagesbesucher konnten das Gelände auch vorübergehend verlassen und am selben Tag wieder eintreten.

Für die Dauerkarten wurden 70 Euro für Erwachsene und 10 Euro für Kinder und Jugendliche verlangt.

3.2 Verkehrserschließung

Das Gartenschaugelände war durch das Hauptverkehrsstraßennetz günstig erschlossen (Nähe zur A8 Stuttgart-München und zur B10 Stuttgart-Ulm). Nach den Zielvorstellungen der Veranstalter sollte jedoch ein möglichst großer Teil des Anreiseverkehrs über öffentliche Verkehrsmittel abgewickelt werden. Eine wichtige Voraussetzung hierfür war die gute Erreichbarkeit des Standorts mit dem öffentlichen Verkehr. Diese Bedingung ist im Wesentlichen mit der Erschließung durch die Stadtbahnlinie U7 erfüllt worden. Die U7 verbindet seit September 2000 Ostfildern direkt mit der Innenstadt Stuttgart bei einer Reisezeit von 23 Minuten. Die vorhandene Haltestelle „Kreuzbrunnen" wurde als Gartenschauhaltestelle definiert. Während der Gartenschau wurde, insbesondere an Wochenenden, die Beförderungskapazität durch den Einsatz von Doppelzügen und durch Taktverdichtungen erhöht. Bei Sonderveranstaltungen wurde die Bedienung ebenfalls verstärkt.

Um die An- und Abreise mit öffentlichen Verkehrsmitteln zu fördern wurden die Tages-Eintrittskarten auch in Form eines Kombitickets angeboten, d. h. die Anreise mit Verkehrsmitteln des Verkehrs- und Tarifverbunds Stuttgart war im Eintrittspreis für die Landesgartenschau enthalten. Der Verkauf bzw. Vorverkauf der Tageskarten wurde über zahlreiche Toto- und Lottoannahmestellen im Tarifgebiet des Verkehrs- und Tarifverbunds Stuttgart organisiert. Außerdem konnte das Kombiticket im Stadtbahnbereich Stuttgart direkt am Fahrkartenautomaten erworben werden.

Für Besucher, die mit dem Pkw kamen, sowie für Reisebusse wurde ein Lenkungskonzept umgesetzt, das eine direkte Führung vom Autobahnnetz und vom

Abb. 5: Kombiticket Landesgartenschau Ostfildern 2002

Bundesstraßennetz auf die Besucherparkplätze vorsah. Es wurden insgesamt rund 1.600 Pkw-Parkstände und 40 - 50 Parkstände für Busse unmittelbar am Gartenschaugelände angeboten. Die Pkw-Parkplätze waren kostenpflichtig mit einer Parkgebühr von 2 Euro pro Tag.

Für die Anreise mit dem ÖPNV und für das Kombiticket wurde sehr intensiv geworben: Werbung an Haltestellen, Werbung in und auf ÖPNV-Fahrzeugen, Rundfunkspots, Zeitungs- und Zeitschriftenanzeigen, Werbeplakate in den Toto-Lotto-Verkaufsstellen und Auslage von Info-Broschüren.

Die bei der Landesgartenschau umgesetzten verkehrlichen Maßnahmen

- Verkehrsleitkonzept MIV,
- Parkkonzept,
- Stadtbahnanbindung,
- Kombiticket im VVS-Gebiet und
- Anreiseinformation

wurden im Rahmen einer Besucherbefragung während der Gartenschau untersucht.

Neben den verkehrlichen Maßnahmen wurden die im Rahmen einer solchen Veranstaltung üblichen Marketingmaßnahmen durchgeführt: Werbung in gedruckten Medien (Zeitungen/Zeitschriften), Plakatwerbung, Verteilung und Auslage von Infobroschüren an öffentlichen Orten, Werbung in Rundfunk und Fernsehen sowie ein Internetauftritt. Im Vorfeld der Veranstaltung standen Auftritte bei Tourismusmessen und Werbung bei Busreiseveranstaltern auf dem Programm.

Stichprobendesigns für

Erhebungen am Aktivitätsort

Heinz Hautzinger (Heilbronn)

Zusammenfassung

In der empirischen Freizeitmobilitätsforschung spielen Erhebungen am Aktivitätsort, man spricht hier auch von Besucherbefragungen, eine wichtige Rolle. In dieser Situation ist es erstaunlich, dass es bislang kaum Arbeiten gibt, welche sich vertieft mit dem Thema der Stichprobenauswahl beschäftigen. Im vorliegenden Beitrag wird gezeigt, dass man bei den gemeinhin als methodisch „schwierig" geltenden Besucherbefragungen sich keineswegs mit einer Auswahl aufs Geratewohl begnügen muss. Vielmehr stehen für die Gewinnung repräsentativer Besucherdaten eine ganze Reihe von Standardverfahren der Stichprobentheorie zur Verfügung.

Summary

Activity centre surveys or consumer intercept surveys are widely used in empirical leisure and mobility research. However, surprisingly little scientific work has been done on the problem of sample design for this type of survey. It can be demonstrated that a variety of standard techniques of sampling theory is available to obtain a sample which is representative of all people visiting the activity centre. Therefore, by no means „convenience sampling" is the best one can do as is sometimes argued.

1 Charakteristika und Formen von Erhebungen am Aktivitätsort

Freizeitaktivitäten werden vielfach an speziell dafür vorgesehenen oder geeigneten Orten, den „Aktivitätsgelegenheiten", ausgeübt. Im Rahmen empirischer Untersuchungen zum Freizeitverhalten und insbesondere zur Freizeitmobilität liegt es deshalb nahe, Personen am Ort der Aktivitätsausübung zu der betreffenden Aktivität sowie zum Mobilitätsverhalten im Zusammenhang mit dieser Aktivität zu befragen, d.h. eine „Erhebung am Aktivitätsort" durchzuführen.

Wie bei jeder empirischen Erhebung sind auch bei Erhebungen am Aktivitätsort aus einer Grundgesamtheit Einheiten auszuwählen, bei denen dann gewisse Merkmale durch Beobachtung oder Befragung festgestellt werden. Beobachtet bzw. befragt werden im vorliegenden Fall Besucher des betrachteten Aktivitätsorts oder Aktivitätsraums, d.h. Personen, die während des Untersuchungszeitraums einen bestimmten räumlich abgegrenzten Bereich – eben den „Aktivitätsort" (z.B. Park, Einkaufszentrum) – betreten, sich dort eine Weile aufhalten und diesen Ort dann wieder verlassen. Vor diesem Hintergrund ist es verständlich, dass Erhebungen der hier in Rede stehenden Art häufig auch kurz „Besucherbefragungen" genannt werden.

Da ein und dieselbe Person während des Untersuchungszeitraums auch mehrfach als Besucher des Aktivitätsorts in Erscheinung treten kann, ist es präziser, von „Besuchen" oder „Besuchsereignissen" als den Einheiten, aus denen die Grundgesamtheit einer Erhebung am Aktivitätsort besteht, zu sprechen. Als „Besucher" gilt dann die Person, welche den betreffenden Besuch macht. Bei stichprobenartigen Erhebungen am Aktivitätsort wird aus der Grundgesamtheit aller Besuchsereignisse eine Teilmenge herausgegriffen und es werden die betreffenden Besucher befragt. Besucht eine Person den Aktivitätsraum wiederholt, so kann sie grundsätzlich bei jedem Besuch in die Stichprobenauswahl kommen und ggf. also auch mehrfach befragt werden.

Die Stichprobenauswahl geschieht bei Besucherbefragungen in der Regel „vor Ort" aus dem laufenden Besucherstrom: Besucher werden beim Betreten oder Verlassen des Aktivitätsraums, gegebenenfalls auch während des Aufenthalts im Aktivitätsraum für die Befragung ausgewählt. Ein anderes Verfahren als die Auswahl vor Ort käme allenfalls dann in Betracht, wenn über einen bestimmten Zeitraum hinweg alle Besuche erfasst werden und es am Ende dieses Zeitraums eine vollständige Liste der registrierten Besucher gibt, aus der eine Auswahl (vorzugsweise einfache oder geschichtete Zufallsauswahl) vorgenommen werden könnte.

Die Befragung der Besucher erfolgt bei einer Auswahl vor Ort vielfach unmittelbar nach bzw. im Zusammenhang mit dem Auswahlvorgang. In diesem Fall wird als Befragungsform oft das mündlich-persönliche Interview gewählt. Gebräuchlich ist es aber auch, die Befragung zeitlich und ggf. auch örtlich von der Auswahl zu trennen. Dabei wird dem Besucher unmittelbar vor Ort ein später zurückzugebender Fragebogen ausgehändigt oder es wird die Anschrift oder Telefonnummer des Besuchers zum Zweck seiner späteren schriftlichen oder telefonischen Befragung erfasst. Abbildung 1 gibt hierzu einen Überblick. Denkbar sind auch kombinierte Formen von Besucherbefragungen, etwa mit mündlich-persönlichem Kurzinterview vor Ort und nachgeschalteter schriftlich-postalischer oder telefonischer Befragung.

Abb. 1: Formen von Besucherbefragungen

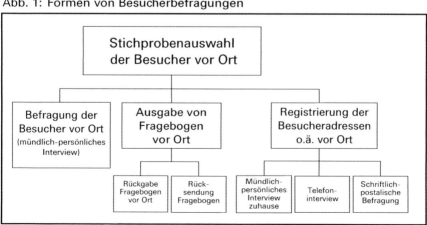

Findet die Befragung vor Ort statt, so können viele Merkmale des Besuchs (z.B. Dauer) und des Besuchers (z.B. Zufriedenheit) erst beim Verlassen des Aktivitätsraums, also am Ende des Besuchs, erfasst werden. Befragungen unmittelbar beim Betreten des Aktivitätsraums sind deshalb nur in Ausnahmefällen möglich.

Befragungen von Besuchern bestimmter Aktivitätsorte oder -räume gestalten sich in methodischer Hinsicht schwierig. Als besonders problematisch gilt dabei die Stichprobenauswahl, gleichwohl gibt es aber gerade hierzu keine spezifische Literatur. Bei RICHARDSON, AMPT und MEYBURG (1995) findet sich etwa die Feststellung: *„The biggest challenge in activity centre surveys is choosing a sample which is representative of all people visiting the centre".* Tatsächlich werden bei Besucherbefragungen gelegentlich Auswahlmethoden verwendet, die man nur als „Auswahl aufs Geratewohl" oder „convenience sampling" bezeichnen kann. Im vorliegenden Beitrag wird gezeigt, dass es durchaus möglich ist, auch bei Besucherbefragungen zu stichprobentheoretisch fundierten Erhebungsdesigns zu kommen.

2 Grundgesamtheit einer Erhebung am Aktivitätsort

Bei der Grundgesamtheit einer Erhebung am Aktivitätsort handelt es sich um eine „Ereignismasse", nicht etwa um eine „Bestandsmasse" wie bei vielen Haushaltsbefragungen[1]. Aus diesem Grund ist auch der Umfang N der Grundgesamtheit – wenn überhaupt – erst am Ende des Untersuchungszeitraums bekannt. Tatsächlich kann die Schätzung des Umfangs der Grundgesamtheit sogar das Hauptziel einer Besuchererhebung sein (z.B. Schätzung der Gesamtzahl aller Besucher einer Großveranstaltung).

Für eine Beschreibung der Grundgesamtheit ist es vorteilhaft, sich die Besuchsereignisse in zeitlicher Reihenfolge (z.B. in der Reihenfolge des Eintreffens am Aktivitätsort bzw. des Betretens des Aktivitätsraums) mit $i = 1, 2, ..., N$ durchnummeriert zu denken. Mit X_i kann man dann die Ausprägung eines Untersuchungsmerkmals X beim i-ten Besuch (z.B. Dauer des Besuchs) bezeichnen. Ist das Untersuchungsmerkmal dichotom, so ist X_i eine Null-Eins-Variable, welche den Wert Eins annimmt, falls Besuch i die interessierende Eigenschaft besitzt (z.B. Anreiseverkehrsmittel Pkw ja/nein).

Wie bei anderen Stichprobenerhebungen geht es auch bei Besucherbefragungen meist um die Schätzung folgender Grundgesamtheitskennzahlen (Maßzahlen der Verteilung von Untersuchungsmerkmalen):

* Totalwert (z.B. Summe der Konsumausgaben aller Besucher)
* arithmetisches Mittel (z.B. durchschnittliche Besuchsdauer)
* Anteil der Besuche, die zu einer bestimmten Teilgruppe gehören (z.B. Anteil der Besuche, bei denen der Besucher mit dem Pkw angereist ist)
* Verhältnis von zwei Total- oder Mittelwerten (z.B. Konsumausgaben pro Stunde Aufenthaltsdauer)

Hinzu kommt, wie erwähnt, als zu schätzende Größe der

* Umfang der Grundgesamtheit (Gesamtzahl aller Besuche im Untersuchungszeitraum)

sowie – vor allem im Zusammenhang mit der Berechnung von Konfidenzintervallen –

* die mittlere quadratische Abweichung (Varianz bzw. korrigierte Varianz) des Untersuchungsmerkmals.

---

1) Im Bereich Transport und Verkehr gibt es viele Beispiele für Grundgesamtheiten, die Ereignismassen sind. Man denke nur an die Gesamtheit aller Straßenverkehrsunfälle oder an die Gesamtheit aller Urlaubsreisen der Bewohner eines Landes.

3   Designprinzipien für Stichproben aus Ereignisgesamtheiten

3.1   Einstufige Stichprobenauswahl aus dem laufenden Ereignisprozess

Bei Besucherbefragungen ist eine direkte Stichprobenauswahl aus dem laufenden Ereignisprozess etwa dann durchführbar, wenn alle Besucher den Aktivitätsraum durch einen Eingang betreten oder verlassen müssen, an dem eine lückenlose Überwachung des Besucherstroms und das Herausgreifen einzelner Besucher möglich ist. Für einstufige Stichprobenziehungen direkt aus einem laufenden Ereignisprozess bieten sich vor allem zwei Auswahlverfahren an, die beide nicht das Vorhandensein eines vollständigen Verzeichnisses der Einheiten in der Grundgesamtheit voraussetzen:

- Systematische Zufallsauswahl
- Poisson-Auswahl.

Beim Verfahren der systematischen Zufallsauswahl (COCHRAN, 1977, S. 205-232) muss vorab die sogenannte Schrittweite k festgelegt werden (z.B. $k=15$). Man wählt dann ab Beginn des Untersuchungszeitraums nach einem Zufallsverfahren unter den ersten k Besuchern einen Besucher aus (Festlegung der sogenannten Startzahl) und danach in zeitlicher Reihenfolge jeden k-ten Besucher. Hat man als Startzahl etwa $s=9$ bestimmt, so werden bei $k=15$ die Besucher mit den Nummern

$$9, 24, 39, 54, 69, ...$$

für die Befragung ausgewählt.

Durch den Stichprobenplan wird bei systematischer Zufallsauswahl also nicht der Stichprobenumfang festgelegt (wie bei einfacher Zufallsauswahl), sondern Schrittweite und Startzahl. Der Stichprobenumfang ergibt sich daraus, sobald der Umfang der Grundgesamtheit feststeht, was bei Besucherbefragungen natürlich immer erst am Ende des Untersuchungszeitraums der Fall ist. Näherungsweise ist der Auswahlsatz n/N gleich $1/k$ (Kehrwert der Schrittweite). Zu beachten ist, dass bei Besucherbefragungen der Umfang N der Grundgesamtheit als Zufallsgröße angesehen werden kann.

Bei der Poisson-Auswahl (STENGER, 1986, S. 181-196) ist die Schrittweite nicht fest, sondern zufallsabhängig. Modellhaft kann das Auswahlverfahren wie folgt beschrieben werden: Per Los wird bei jedem neuen Besuchsereignis entschieden, ob der betreffende Besucher befragt wird oder nicht. Der Stichprobenumfang ist hier auf jeden Fall eine Zufallsvariable, deren Erwartungswert proportional zur Erfolgswahrscheinlichkeit beim oben geschilderten Auswahlexperiment ist. Da die Poisson-Auswahl sowohl vom erhebungspraktischen wie vom stichprobentheoretischen Standpunkt relativ schwierig zu handhaben ist, wird der systematischen Zufallsauswahl ganz eindeutig der Vorzug gegeben.

3.2   Zweistufige Stichprobenauswahl bei raum-zeitlich untergliederten Ereignisprozessen

Das oben beschriebene einstufige Verfahren setzt voraus:

- Möglichkeit einer Zu- oder Abgangskontrolle am Aktivitätsort
- Überwachung sämtlicher Ankünfte bzw. Abgänge während des gesamten Untersuchungszeitraums

Wenn aus Aufwandsgründen eine Stichprobenauswahl aus dem laufenden Prozess der Ankünfte bzw. Abgänge an *allen* Eingängen bzw. Ausgängen des Aktivitätsortes während des *gesamten* Untersuchungszeitraums nicht in Betracht kommt, muss zweistufig vorgegangen werden. Die Elemente der Grundgesamtheit (Besuche) werden dabei nach einem räumlichen und zeitlichen Merkmal gruppiert, d.h. zu Klumpen zusammengefasst. Bei Aktivitätsräumen, bei denen eine Zu- und/oder Abgangsüberwachung möglich ist (Aktivitätsraum mit „Pforten") bilden alle Besuche, bei denen der Zugang (alternativ: Abgang) während eines bestimmten Zeitintervalls an einer bestimmten Pforte stattfindet, einen „Klumpen". Gibt es M Pforten und K Zeitintervalle, so entstehen auf diese Weise $M \cdot K$ Klumpen oder Primäreinheiten, von denen dann nach einem Zufallsverfahren (einfache Zufallsauswahl oder Auswahl mit „größenproportionalen" Wahrscheinlichkeiten, ggf. geschichtet) eine vorgegebene Anzahl ausgewählt wird. Die $M \cdot K$ Ereignisklumpen der ersten Auswahlstufe sind räumlich und zeitlich abgegrenzte disjunkte Teilprozesse des gesamten Ereignisprozesses. Für Aktivitätsräume ohne Pforten muss – wo immer möglich – analog vorgegangen werden. Der entscheidende Grundsatz hierbei ist, dass jeder Besuch *eindeutig* einer Raum-Zeit-Einheit (Primäreinheit der Stichprobenauswahl) zugeordnet sein muss[2]. In Kapitel 4 werden Beispiele vorgestellt, wie dies in der Erhebungspraxis erreicht werden kann.

Hat man in Stufe 1 nach dem oben beschriebenen Zufallsverfahren Ereignisklumpen als Primäreinheiten ausgewählt und damit Orte und Zeiten für die Besucherauswahl festgelegt, so kann man in Stufe 2 für jeden ausgewählten Erhebungsort und -zeitraum aus dem laufenden Ereignisprozess (Ankunfts- oder Abgangsprozess) eine Stichprobe von Besuchen (Sekundäreinheiten) gewinnen. Innerhalb jedes ausgewählten Ereignisklumpens kommt hierbei das in Abschnitt 3.1 dargestellte Verfahren der systematischen Zufallsauswahl zur Anwendung. Geht man in der beschriebenen Art und Weise vor, so erhält man auch für die „schwierigen" Besucherbefragungen Stichprobenpläne, die auf Standardverfahren der Stichprobentheorie basieren.

3.3 Problematik der Schätzung von Konfidenzintervallen

Zur Beurteilung der Genauigkeit der Stichprobenergebnisse können beim beschriebenen Vorgehen Konfidenzintervalle für die zu schätzenden Kenngrößen der Grundgesamtheit (z.B. mittlere Verweildauer am Aktivitätsort oder ÖV-Anteil im Anreiseverkehr) berechnet werden. Wegen der Verwendung des Verfahrens der systematischen Zufallsauswahl ist dies (im Gegensatz zur einfachen Zufallsauswahl) allerdings nur unter bestimmten Modellannahmen über die Struktur der Grundgesamtheit möglich. Besonders einfach ist die Varianzschätzung, wenn angenommen werden kann, dass zwischen dem betrachteten Untersuchungsmerkmal und der Reihenfolge der Ankünfte bzw. Abgänge kein Zusammenhang besteht. In dieser Situation kann man nämlich bei der Berechnung des Standardfehlers der Schätzung so tun, als ob die Stichprobe nicht systematisch sondern nach dem Modell der einfachen Zufallsauswahl gezogen worden wäre (vgl. Kapitel 5).

---

2) Der Grundsatz der eindeutigen Zuordnung der Sekundäreinheiten zu den Primäreinheiten ist z.B. auch bei stichprobenartigen Fahrgastbefragungen zu beachten, was dort zum bekannten „Ersteinsteigerprinzip" führt.

4   Praktische Umsetzung der statistischen Designprinzipien bei Erhebungen am Aktivitätsort

4.1   Kriterien für die Wahl des Stichprobendesigns bei Erhebungen am Aktivitätsort

Bei der Entscheidung über das „richtige" Design einer stichprobenartigen Erhebung am Aktivitätsort sind vor allem folgende Gegebenheiten und Rahmenbedingungen zu berücksichtigen:

- Vorhandensein von Pforten oder sonstigen „Zwangspunkten" am Rand oder im Inneren des Aktivitätsraums, welche die Besucher im Rahmen ihres Besuchs mindestens einmal passieren müssen (z.B. Ein-/Ausgänge, Registrierungsstellen, Ticketschalter)
- Möglichkeit der Überwachung des Besucherstroms an den Pforten (Ankünfte bzw. Abgänge) sowie des Herausgreifens von Besuchern aus diesem Strom
- Unter Kapazitäts- und Budgetgesichtspunkten möglicher Grad der Vollständigkeit der Überwachung des Besucherstroms in räumlicher und zeitlicher Hinsicht zum Zwecke der Besucherauswahl aus dem laufenden Strom

In Abhängigkeit von diesen Gegebenheiten resultieren aus den im Kapitel 3 formulierten Grundsätzen die in Abbildung 2 dargestellten Empfehlungen zum Stichprobendesign.

Wichtig ist hier noch der Hinweis, dass unter einem „Aktivitätsraum mit Pforten" nicht unbedingt nur ein baulich abgeschlossener Raum oder Bereich zu verstehen ist. Es kommt lediglich darauf an, dass die Zugänge zum bzw. die Abgänge aus dem Aktivitätsraum überwacht werden können. Dies ist dann der Fall, wenn es möglich ist, um den Aktivitätsraum (z.B. Innenstadt) einen Kordon zu legen derart, dass an allen (wesentlichen) Zu- bzw. Abgangsstellen ein Team für die Überwachung und Auswahl der Besucher stationiert werden kann.

4.2   Realisierung einer einstufigen systematischen Zufallsauswahl aus dem laufenden Besucherstrom

Hat man es mit Fall 1.1 zu tun, d.h. liegen die Voraussetzungen für die Durchführbarkeit einer Zufallsauswahl direkt aus dem laufenden Besucherstrom vor (Überwachung aller Zu- bzw. Abgänge während des gesamten Untersuchungszeitraums), so bieten sich für die Stichprobenziehung je nach örtlichen Gegebenheiten unterschiedliche Verfahren an.

Besitzt der Aktivitätsort nur 1 Pforte (Eingang bzw. Ausgang), so kann das Grundmodell der Stichprobenauswahl aus laufenden Ereignisprozessen (systematische Zufallsauswahl) zur Anwendung kommen:

Verfahren 1.1.A   Festlegung einer Schrittweite k für die Besucherauswahl an der Pforte des Aktivitätsraums sowie einer zufallsabhängigen Startzahl s.

Herausgreifen der zu befragenden Besucher aus dem laufenden Ankunfts- oder Abgangsprozess nach dem Verfahren der systematischen Zufallsauswahl.

Gibt es mehrere Pforten und sind die Besucherzahlen an den einzelnen Pforten gegebenenfalls stark unterschiedlich oder hängt die Struktur der Besucher (z.B. das be-

Abb. 2: Empfohlene Stichprobendesigns für Erhebungen am Aktivitätsort

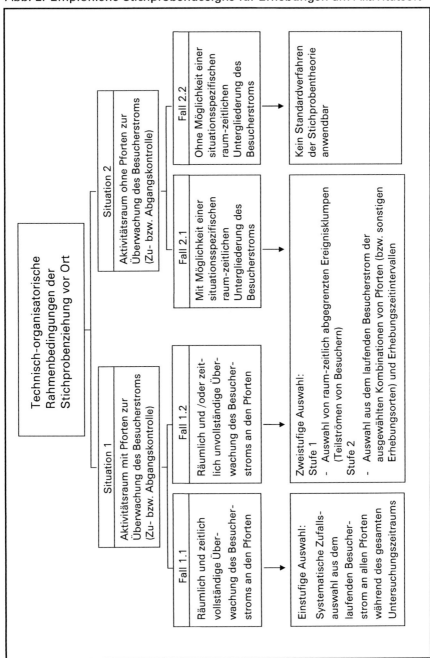

nutzte Anreiseverkehrsmittel) davon ab, über welchen Ein- oder Ausgang diese den Aktivitätsraum betreten oder verlassen, so ist das folgende modifizierte Auswahlverfahren (geschichtete systematische Zufallsauswahl) anzuwenden:

Verfahren 1.1.B   Schichtung der Besuchsereignisse nach der Pforte des Zu- bzw. Abgangs. Festlegung einer einheitlichen oder auch schichtspezifischen (d.h. pfortenspezifischen) Schrittweite sowie unabhängiger zufallsabhängiger Startzahlen für die systematische Zufallsauswahl aus dem Strom der ankommenden oder abgehenden Besucher je Schicht (Pforte).

An stark frequentierten Pforten wird oft schon aus ablauforganisatorischen Gründen eine größere Schrittweite bei der Besucherauswahl erforderlich sein als an weniger stark belasteten Ein- bzw. Ausgängen des Aktivitätsraums. Schwankt die Zahl der je Zeiteinheit ankommenden bzw. abgehenden Besucher im Verlauf des Untersuchungszeitraums, so kann eine zusätzliche Schichtung der Besuchsereignisse z.B. Spitzenzeiten („peak") und sonstigen Zeiten („off-peak") innerhalb des Untersuchungszeitraums erforderlich sein. Für jede Schicht, also für jede Kombination von Pforte und Zeittyp, muss dann im Rahmen der Stichprobenplanung eine Schrittweite und eine Startzahl festgelegt werden (**Verfahren 1.1.B***).

Ziehungsverfahren mit Schichtung und schichtspezifischen Verfahrensparametern (Schrittweite und Startzahl) setzen Kenntnisse oder begründete Vermutungen über die zu erwartenden Besucherzahlen sowie über die Streuung wichtiger Untersuchungsmerkmale differenziert nach Pforte und Zeitintervall voraus. Hat man solche Kenntnisse, so kann man sich bei der Festlegung schichtspezifischer Schrittweiten an den Grundsätzen für die Aufteilung des gesamten Stichprobenumfangs bei geschichteten Stichproben (mit einfacher Zufallsauswahl innerhalb der Schichten) orientieren. Sind derartige a-priori-Informationen nicht vorhanden, sollte eine einheitliche Schrittweite mit zufallsabhängigen schichtspezifischen Startzahlen gewählt werden (wichtige methodische Hinweise findet man bei COCHRAN 1977, S. 226f.).

4.3   Realisierung einer zweistufigen Zufallsauswahl aus dem laufenden Besucherstrom

4.3.1 Aktivitätsräume mit Pforten

Im Fall 1.2 (Aktivitätsraum mit Pforten, räumlich und/oder zeitlich unvollständige Überwachung des Besucherstroms) sind zweistufige Auswahlverfahren anzuwenden, deren Struktur wiederum davon abhängt, ob die Unvollständigkeit der Überwachung nur in räumlicher bzw. zeitlicher oder sowohl in räumlicher als auch zeitlicher Hinsicht besteht (vgl. Abb. 3):

Schematisch lässt sich für die zweistufigen Auswahlverfahren die Klumpenstruktur wie in Abbildung 4 dargestellt abbilden.

Bei einer „Zeitintervall-Stichprobe" (**Verfahren 1.2.A**) bilden die $N_{.k}$ Besuchsereignisse, bei denen der Zu-/Abgang im k-ten Zeitintervall stattfindet, einen Klumpen. Es gibt also K Primäreinheiten, aus denen in Stufe 1 ausgewählt wird. In jedem ausgewählten Zeitintervall findet dann an *allen* Pforten eine Besucherüberwachung und -auswahl statt.

Abb. 3: Auswahlverfahren in Abhängigkeit vom Grad der Vollständigkeit der Überwachung des Besucherstroms

Vollständigkeit der Überwachung des Besucherstroms		
... in räumlicher Hinsicht	... in zeitlicher Hinsicht	
	vollständig	nicht vollständig
vollständig	Einstufige Auswahl aus dem laufenden Besucherstrom mittels (geschichteter) systematischer Zufallsauswahl	Zweistufige Auswahl mit Erhebungszeitintervallen als zeitlich abgegrenzte Klumpen von Besuchsereignissen (Zeitintervall-Stichprobe)
nicht vollständig	Zweistufige Auswahl mit Pforten als räumlich abgegrenzte Klumpen von Besuchsereignissen (Pforten-Stichprobe)	Zweistufige Auswahl mit Kombinationen von Pforten und Erhebungszeitintervallen als raum-zeitlich abgegrenzte Klumpen von Besuchsereignissen (Pforten-Zeitintervall-Stichprobe)

Abb. 4: Strukturierung der Grundgesamtheit aller Besuchsereignisse im Untersuchungszeitraum nach Pforte und Zeitintervall des Zu- bzw. Abgangs

Pforte des Zu-/Abgangs	Zeitintervall des Zu-/Abgangs			Insgesamt
	1	$... \quad k \quad ...$	K	
1		$.$		
$.$		$.$		
$.$		$.$		
j	$.$	$... \; N_{jk} \; ...$	$.$	$N_{j.}$
$.$		$.$		
$.$		$.$		
M		$.$		
Insgesamt		$N_{.k}$		N

Im Fall der „Pforten-Stichprobe" (**Verfahren 1.2.B**) sind die N_j Besuchsereignisse, bei denen der Zu-/Abgang über die j-te Pforte erfolgt, als Ereignisklumpen zu betrachten. Hier gibt es also M Primäreinheiten, aus denen in Stufe 1 ausgewählt wird. Bei jeder ausgewählten Pforte wird dann in *allen* Zeitintervallen der Besucherstrom zum Zwecke der Besucherauswahl überwacht. Dieses Stichprobendesign kommt nur bei Aktivitätsräumen mit einer großen Anzahl von Pforten in Betracht.

Die „Pforten-Zeitintervall-Stichprobe" (**Verfahren 1.2.C**) ist dadurch gekennzeichnet, dass die N_{jk} Besuchsereignisse, die der j-ten Pforte und dem k-ten Intervall zugeordnet sind, einen Klumpen bilden. Aus den $M \cdot K$ Primäreinheiten wird in Stufe 1 eine Stichprobe gezogen. Die Besucherüberwachung und -auswahl findet in Stufe 2 dann bei den Pforte-Zeitintervall-Kombinationen (j, k) statt, welche in Stufe 1 ausgewählt worden sind.

Bei den Verfahren 1.2.A bis 1.2.C ist jeweils auf Stufe 1 eine zusätzliche Schichtung der Primäreinheiten möglich:

- Zeitintervall-Stichprobe: Schichtung der Zeitintervalle nach Intervalltyp (z.B. „peak", „off-peak")
- Pforten-Stichprobe: Schichtung der Pforten nach Pfortentyp (z.B. stark/schwach frequentiert)
- Pforten-Zeitintervall-Stichprobe: Schichtung der Pforte-Zeitintervall-Kombinationen nach Pforten- und Intervalltyp

Aus jeder Schicht von Primäreinheiten wird dann eine vorgegebene Anzahl von Ereignisklumpen gezogen. Es versteht sich, dass zu jedem hier beschriebenen Auswahlverfahren ein darauf abgestimmtes Hochrechnungsverfahren gehört. Dieses Hochrechnungsverfahren hängt im Wesentlichen davon ab,

- ob die Primäreinheiten auf Stufe 1 mit gleichen oder variierenden (z.B. größenproportionalen) Auswahlwahrscheinlichkeiten gezogen wurden,
- ob in Stufe 2 bei den ausgewählten Ereignisklumpen jeweils die gleiche oder eine unterschiedliche Schrittweite für die Besucherauswahl verwendet wurde und
- ob bei der Hochrechnung die Größe der Primäreinheiten (Anzahl zugeordnete Besuchsereignisse) nur für die ausgewählten oder für alle[3] Primäreinheiten bekannt ist.

In diesem Zusammenhang sei auf die stichprobentheoretische Basisliteratur verwiesen (COCHRAN, 1977, S. 292-326; STENGER, 1986, S. 151-170; BARNETT, 1991, S. 153-161).

4.3.2 Aktivitätsräume ohne Pforten mit Möglichkeit einer situationsspezifischen raum-zeitlichen Untergliederung des Besucherstroms

Wenn ein Aktivitätsraum „offen" ist, in dem Sinne, dass – auch nicht durch Kordonbildung – eine hinreichend vollständige Überwachung des Besucherstroms an Pforten möglich wird, muss durch situationsspezifische „Kunstgriffe" versucht werden, in der Grundgesamtheit aller N Besuchsereignisse eine geeignete Klumpenstruktur zu schaffen (Fall 2.1). In der Regel wird dies – ein Gelingen vorausgesetzt – auch auf eine raum-zeitliche Untergliederung des gesamten Besucherstroms hinauslaufen. Kann im Ergebnis dann jedes Besuchsereignis *eindeutig* einem Klumpen zugeordnet

---

3) Dies ist dann der Fall, wenn an allen Pforten und in allen Zeitintervallen Besucherzählungen durchgeführt werden, deren Ergebnisse dann einen verbesserten Hochrechnungsrahmen liefern.

werden und gibt es ein vollständiges Verzeichnis aller Klumpen, so können auch hier Standardverfahren der Stichprobentheorie (Verfahren 1.2.A bis 1.2.C) zur Anwendung kommen. An einem Beispiel soll die Vorgehensweise verdeutlicht werden.

Gegeben sei ein „offener" Aktivitätsraum, in welchem sich gewisse Aktivitätsgelegenheiten $G_1, ..., G_M$ befinden, die von Besuchern aufgesucht werden (z.B. Stände oder sonstige Attraktionen eines „offenen" Weihnachtsmarktes). Die Grundgesamtheit aller N Besuchsereignisse im Untersuchungszeitraum kann in disjunkte Ereignisklumpen untergliedert werden, wenn jeder Besuch (bzw. der zugehörige Besucher) eindeutig einer Aktivitätsgelegenheit zugeordnet wird. Ein mögliches Konzept hierfür wäre das folgende „Erstaktivitätsprinzip":

- Jedes Aufsuchen einer Aktivitätsgelegenheit ist als „Aktivität" im Rahmen des Besuchs zu betrachten. Zu jedem Besuch gehört mindestens eine Aktivität[4]. Ein Besuch wird dem j-ten Ereignisklumpen zugeordnet, wenn G_j die erste nach Betreten des Aktivitätsraums aufgesuchte Aktivitätsgelegenheit ist $(j=1, ..., M)$.

Wenn an sämtlichen M Aktivitätsgelegenheiten ein Befragungsteam während des gesamten Untersuchungszeitraums postiert wird, so kann eine einstufige Besucherauswahl wie folgt realisiert werden: Jeder an der Aktivitätsgelegenheit ankommende Besucher wird gefragt, ob dies die erste vom Besucher aufgesuchte Aktivitätsgelegenheit ist („screening"). Unter den Besuchern, welche diese Frage mit „ja" beantworten[5], wird jeder k-te Besucher (k = Schrittweite der systematischen Zufallsauswahl) für die Befragung ausgewählt (Interview vor Ort oder Registrierung der Adresse/Telefonnummer).

Das beschriebene Verfahren entspricht im Fall $M=1$ dem Verfahren 1.1.A (systematische Zufallsauswahl) und im Fall $M{\geq}2$ dem Verfahren 1.1.B (geschichtete systematische Zufallsauswahl). Sofern durch die eingesetzten Befragungsteams die M Aktivitätsgelegenheiten des Aktivitätsraums und die K Zeitintervalle des Untersuchungszeitraums nicht vollständig abgedeckt werden können, kommt man – je nach konkreter Gegebenheit – zu den zweistufigen Verfahren 1.2.A bis 1.2.C.

Soll die Befragung direkt nach der Auswahl vor Ort durchgeführt werden, so muss u.U. das Erstaktivitätsprinzip durch ein „Letztaktivitätsprinzip" ersetzt werden, damit Besucher unmittelbar vor Verlassen des Aktivitätsraums z.B. nach ihrer Aufenthaltsdauer oder ihrer Zufriedenheit mit dem vorgefundenen Angebot befragt werden können.

Gelingt eine Klumpenbildung z.B. nach dem Erst- oder Letztaktivitätsprinzip nicht (Fall 2.2), so besteht wenig Aussicht darauf, ein Standardverfahren der Stichprobentheorie anwenden zu können. Es ist dann Ermessenssache, ob man zu einer wie auch immer gearteten „Auswahl aufs Geratewohl" Zuflucht nimmt oder auf die Durchführung der Erhebung verzichtet.

---

4) Besuche im Aktivitätsraum, bei denen keine Aktivitätsgelegenheiten aufgesucht werden (z.B. bloßes Herumschlendern ohne an einem Stand stehenzubleiben), gehören dann nicht zur Grundgesamtheit.

5) Kommt ein Besucher im Laufe seines Aufenthalts nochmals zu seiner ersten Aktivitätsgelegenheit zurück, so ist er dort für die Auswahl nicht mehr zu berücksichtigen.

5 Hinweise zur Schätzung von Konfidenzintervallen

In Abschnitt 3.3 wurde bereits erwähnt, dass bei Erhebungen am Aktivitätsort wegen der Verwendung des Verfahrens der systematischen Zufallsauswahl Konfidenzintervalle für die zu schätzenden Mittelwerte, Anteile usw. nur auf der Basis von Modellannahmen über die Grundgesamtheit der Besuchsereignisse berechnet werden können (Schätzungen auf der Grundlage sogenannter „Superpopulationsmodelle"). Vergleichsweise einfach ist die Varianzschätzung dann, wenn angenommen werden kann, dass zwischen dem betrachteten Untersuchungsmerkmal und der Stellung des Ereignisses im Ereignisstrom kein Zusammenhang besteht. In dieser Situation kann man nämlich bei der Berechnung des Standardfehlers der Schätzung so tun, als ob die Besucherstichprobe direkt oder auf Stufe 2 des Verfahrens nach dem Modell der einfachen Zufallsauswahl gezogen worden wäre.

Tatsächlich ist aber im Rahmen von Besucherbefragungen die Annahme einer rein zufälligen Anordnung der Elemente in der Grundgesamtheit bei vielen Merkmalen nicht realistisch. Es kommt vielmehr häufig vor, dass die Ausprägungen eines Merkmals tendenziell um so größer bzw. kleiner ausfallen, je später im gesamten Ereignisprozess das betreffende Ereignis (Besuch) eintritt. So ist beispielsweise die Aufenthaltsdauer im Aktivitätsraum tendenziell um so kürzer, je später am Tag die Person den Aktivitätsraum betritt. Bei derartigen Grundgesamtheiten „mit Trend" ist die Varianz des Stichprobenmittelwerts einer systematischen Zufallsstichprobe oft deutlich kleiner als diejenige einer einfachen Zufallsstichprobe. Beachtet man dies nicht, so fallen Konfidenzintervalle tendenziell zu breit aus und bei der Prüfung von Wirkhypothesen im Rahmen der Evaluation von Maßnahmen zur Beeinflussung des Besucherverhaltens wird die Hypothese der Nichtwirksamkeit nicht abgelehnt, obwohl bei genauerer statistischer Betrachtung ein signifikanter Maßnahmeneffekt vorhanden ist.

Bei Grundgesamtheiten mit Trend verkompliziert sich die Varianzschätzung beträchtlich. Insbesondere kann man wegen der zu verwendenden Formeln für den geschätzten Standardfehler nicht mehr mit einfachen statistischen Auswertungsprogrammen arbeiten. Bei Zweistufigkeit des Stichprobenverfahrens ist aber auch bereits ohne Trendproblematik die Varianzschätzung (anders als die Mittelwertschätzung) nicht ohne weiteres mit Standard-Software zu bewerkstelligen, da bei Standard-Software meist einfache Zufallsauswahl unterstellt wird (näheres vgl. COCHRAN, 1977, S. 223-226).

Literatur

BARNETT, Vic (1991): Sample Survey Principles and Methods. Hodder & Stoughton. London
COCHRAN, William G. (1977): Sampling Techniques. Wiley. New York
RICHARDSON, Anthony J., Elisabeth S. AMPT & Arnim H. MEYBURG (1995): Survey Methods for Transport Planning. Eucalyptus Press. Melbourne
STENGER, Horst (1986): Stichproben. Physica-Verlag. Heidelberg/Wien

Befragungen am Aktivitätsort
– Alternative Erhebungstechniken im Vergleich

Matthias Pfeil (Dresden)

Zusammenfassung

Befragungen am Ort der Aktivität gelten als die schwierigsten Erhebungen überhaupt. Das liegt einerseits daran, dass die zu befragenden Personen in der Regel ihre Aktivität unterbrechen müssen und demzufolge einer Befragung stark ablehnend gegenüberstehen. Andererseits ist es ungemein schwierig, die Stichprobe so zu wählen, dass die Grundgesamtheit hinreichend genau widergespiegelt wird. Anders als bei Haushaltsbefragungen, sind nämlich bei Befragungen am Aktivitätsort zumeist kaum Kenntnisse über die Grundgesamtheit (die Zusammensetzung der Besucher) vorhanden. Die systematische Auswahl der zu Befragenden ist zumeist nicht möglich, weil bis auf die Altersgruppe und das Geschlecht kaum äußerlich erkennbare Strukturmerkmale existieren. Für eine zufällige Auswahl der Stichprobe muss gewährleistet sein, dass alle Personengruppen die gleiche Wahrscheinlichkeit haben in die Stichprobe zu gelangen, was schon allein durch die unterschiedliche Aufenthaltsdauer von Besuchern nicht gegeben ist.

Die Qualität einer Besucherbefragung lässt sich durch die Erhebungsmethode, den Ort der Kontaktaufnahme, den zeitlich/organisatorischen Ablauf der Befragung sowie über geeignete Datenhochrechnungsverfahren beeinflussen.

Der Beitrag dokumentiert, welche Entscheidungen bei der Planung von Befragungen am Aktivitätsort zu fällen sind und wie mit den genannten Problemen bei den Demonstratorbefragungen im Rahmen des ALERT-Projektes umgegangen wurde. Es werden die Ergebnisse von Pretests und durchgeführten Befragungen vorgestellt.

Summary

Questioning people at places of their activity is regarded as the most difficult survey at all. This is caused by two reasons. Fist, do people who join in the questioning need to interrupt their activities. Therefore they often reject their participation. Second, it is a serious problem to take a sample in a way that the basic population is represent with an adequate accuracy. Exceptional to household surveys in most cases there is no knowledge about the basic population, for instance the social structure. Therefore and also because the impossibility to indicate individually attributes beside the gender and the approximate age by viewing, a systematic sample is not possible. Pre-condition for a random sample on the other hand is, that to each individual in the population there is an identical chance of belonging to the sample. Just because of the different duration of stay this pre-condition do often not exists for questionings at places of activity.

The quality of a questioning can be influenced by the method of surveying, by the location for contacting people, by the chronological and organisational run of the survey and trough an appropriate extrapolation of data.

The article documents which decisions are necessary for preparing questionings at places of activity. It also shows, how the problems pointed above got handled in the project ALERT. Outcomes of pre-tests and questionings will be explained.

1 Besucherbefragungen als ein Baustein der ALERT-Erhebungen

In den Empfehlungen für Verkehrserhebungen (EVE 91) sind die Möglichkeiten der Messung von Verkehr und der Ermittlung von verkehrsbezogenem Verhalten zusammengefasst. Dabei wird in verkehrstechnische und verhaltensbezogene Erhebungen unterschieden.

Verkehrstechnische Erhebungen sind in erster Linie Zählungen. So dienen Querschnitts-, Knotenpunktzählungen und Stromerhebungen der quantitativen Messung von Verkehrsströmen, mittels Objektzählungen können Objekte, beispielsweise Besucher oder parkende Fahrzeuge in einem bestimmten Raum erfasst werden.

Verhaltensbezogene Erhebungen sind die Beobachtung und die Befragung. Die EVE 91 unterteilt die Befragungen einerseits nach dem Ort der Befragungen (im Verkehrsnetz, im Haushalt, am Ort der Aktivität, im Betrieb) und andererseits nach der Befragungsmethode (mündlich per Interview, schriftlich per Fragebogen sowie Sondererhebungen).

Im Rahmen des Forschungsvorhabens ALERT finden folgende Erhebungsmethoden Anwendung, um Freizeitverkehr, Freizeitmobilität und deren Motive zu messen:

verkehrstechnische Erhebungen:
- Objektzählungen (Besucherzählungen, Analysen zum ruhenden Verkehr)
- Querschnittszählungen (Besucherzählungen)

verhaltensbezogene Erhebungen:
- Beobachtungen (vor allem in Vorbereitung der Demonstratorbefragungen)
- regionale Hauhaltsbefragungen (vgl. FASTENMEIER 2003; Beitrag im gleichen Band)
- bundesweite Hauhaltsbefragungen (vgl. FASTENMEIER 2003)
- Tiefeninterviews (vgl. FASTENMEIER 2003)
- Befragungen am Ort der Aktivität
- Direktmarketing mit nachfolgender Befragung in vier Versuchs- und Kontrollgruppen (vgl. PFEIFFER 2003; Beitrag im gleichen Band)

Der vorliegende Beitrag soll vor allem auf die durchgeführten Besucherbefragungen fokussieren. Neben den von HAUTZINGER, NEUMANN, PFEIL, REINERS & SCHAAF (Beitrag im gleichen Band) vorgestellten Demonstrationvorhaben Cospudener See und Landesgartenschau Ostfildern wurden auch am Titisee im Schwarzwald Besucherbefragungen im Rahmen einer Pilotstudie durchgeführt.

2   Ziele und Inhalte der Befragungen

Die Befragungen am Cospudener See, im Rahmen der Landesgartenschau und am Titisee verfolgen im wesentlichen die zwei Zielstellungen:

- Ermittlung von Beeinflussungsmöglichkeiten des Verkehrsverhaltens beim Aufsuchen der Demonstrationsobjekte
- Messung von Verhaltensänderungen, die durch die Umsetzung von Maßnahmen eingetreten sind, mittels Vorher- / Nachhererhebungen

Um die Befragungsziele zu erreichen, waren zahlreiche Informationen wichtig. Diese Informationen betreffen:

- die Besucherstruktur (soziodemografische Angaben, beispielsweise Alter, Geschlecht, Familienstand, Ausbildung, Beruf, darüber hinaus auch Einkommensverhältnisse, Verkehrsmittelverfügbarkeit, Führerscheinbesitz u.a.)
- das Besucherverhalten (z. B. Häufigkeit des Besuchs, Zeitpunkt der Entscheidung, Grund, Gruppengröße)
- das Mobilitätsverhalten beim Aufsuchen des jeweiligen Aktivitätsraumes (Verlauf der Anreise, Quellort, VM-Benutzung, Reisezeit, Vorkommnisse, Störungen)
- Meinungen und Aussagen zu Stärken und Schwächen der Verkehrs- und Freizeitangebote (demonstratorspezifisch z.b. Stellplatzangebot (MIV und Rad), ÖV-Angebot, Grund der Verkehrsmittelwahl)

Am Cospudener See wurde darüber hinaus nach speziellen Freizeitaktivitäten und allgemeinen Freizeitinteressen gefragt um evtl. vorhandene Korrelationen zwischen dem Freizeitverhalten und dem Verkehrsverhalten aufzudecken.

3   Problematik und Lösungsansätze

Befragungen am Ort der Aktivität gelten als die problematischsten Befragungen überhaupt. Das liegt einerseits an der Schwierigkeit, mit der Stichprobe die Grundgesamtheit repräsentativ abzubilden, weil die üblichen Verfahren der Stichprobenauswahl (Zufallsauswahl, bewusste Auswahl und systematische Auswahl) nur sehr bedingt einzusetzen sind und die Gefahr der willkürlichen Auswahl sehr groß ist (vgl. Hautzinger 2003; Beitrag im gleichen Band) , Erhebungs- und Auswertungsmethoden der Freizeitmobilitätsforschung). Andererseits sind die Teilnahmequoten bei Befragungen am Ort der Aktivität häufig nur gering, weil die zu Befragenden in der Regel ihre Aktivität unterbrechen müssen.

Der umfangreiche Informationsbedarf des ALERT-Vorhabens führte zu zusätzlichen Problemen bei der Durchführung der Befragungen.

Nach Lösungsmöglichkeiten für die Demonstratoren des ALERT-Projektes wurde in Pretests gesucht. Als Ansatzpunkte zur Verbesserung der Befragungsergebnisse wurden

- die Auswahl einer geeigneten Erhebungsmethode,
- die Festlegung geeigneter Orte der Kontaktaufnahme,
- die Festlegung des günstigsten zeitlichen und organisatorischen Ablaufs der Befragung sowie
- die Entwicklung und Anwendung geeigneter Datenhochrechnungsverfahren

angesehen.

Der Beitrag wird orientierend an den oben genannten Punkten verdeutlichen, welche Überlegungen für die Entwicklung der jeweiligen Erhebungsdesigns der Demonstratorbefragung notwendig waren und die getroffenen Entscheidungen begründen.

4   Erhebungsmethode

Für die ALERT-Befragungen waren drei Erhebungsmethoden denkbar:
1) die Durchführung mündlicher Interviews
2) das Verteilen von Fragebögen am Ort der Aktivität und deren
   a) direktes Einsammeln/Abgeben
   b) postalische Rücksendung mittels Freiumschlag
3) die Kontaktaufnahme vor Ort mit anschließender Befragung per Telefon oder schriftlich per Post oder e-mail

In Tabelle 1 sind die Vor- und Nachteile der mündlichen und schriftlichen Befragung zusammengestellt. Die Variante 3 (Kontaktaufnahme vor Ort und spätere Befragung) weist gegenüber den Varianten 1 und 2, je nach Befragungsart, gleiche Vor- und Nachteile auf. Sie wurde aufgrund des zeitlichen Abstandes zwischen Besuch und Befragung für die ALERT-Demonstratorbefragungen ausgeschlossen.

Tab. 1: Vor- und Nachteile mündlicher und schriftlicher Befragungsformen

Interview vor Ort	Verteilung von Fragebögen vor Ort
Vorteile	
Erklärungsmöglichkeit bei Verständnisproblemen	umfangreichere Fragestellungen möglich
Kontrollierbarkeit	keine Beeinflussung durch Interviewer
zeitlich direkt	Ausfüllen in „Ruheposition" möglich
	Anonymität
	wirtschaftliche Durchführbarkeit
Nachteile	
Abbruchgefahr und geringe Teilnahmebereitschaft durch Zeitdruck	eingeschränkte Erklärungsmöglichkeit
Anonymität	nicht kontrollierbar
Interviewer Bias	zeitlicher Abstand bei postalischer Rücksendung
Aufwand	

Bei einer Piloterhebung am Titisee wurde das Verteilen von Fragebögen (direktes Einsammeln und postalische Rücksendung) mit dem Durchführen mündlicher Interviews verglichen.

Vor allem auf Grund der Informationsfülle, die mittels der Befragung gewonnen werden sollte, erwies sich die schriftliche Befragung gegenüber der mündlichen vorteilhaft. So waren für die 5- bis 7-seitigen Befragungsbögen im günstigsten Fall 15 Minuten Interviewzeit notwendig – eine Befragungsdauer, die einerseits nicht im zur Verfügung stehenden finanziellen Rahmen realisierbar war und andererseits häufig zu Interviewabbrüchen und Verweigerungen führte.

Der Vergleich zwischen der direkten Fragebogenausgabe, -entgegennahme und dem postalischen Rücklauf (vgl. Tabelle 3) verdeutlicht die wesentlich geringere Antwortquote bei der Postantwort (19 % Postrücklauf, 42 % direkter Rücklauf). Dieses Antwortverhalten führte zu der Festlegung, die Fragebögen bei den Demonstratorbefragungen im Regelfall direkt vor Ort wieder einzusammeln und Rücksendekuverts nur dann herauszugeben, wenn die Besucher von sich aus den Wunsch äußerten, den Fragebogen später auszufüllen. Diese Praxis führte am Cospudener See dazu, dass der postalische Rücklauf sogar geringfügig höher ausfiel als der Rücklauf der direkt ausgegebenen Fragebögen (vgl. Tabelle 3 in Kap. 8)).

5   Ort der Kontaktaufnahme

Orte und Zeiten der Kontaktaufnahme haben wesentlichen Einfluss auf die Repräsentativität der Stichprobe und damit auf zu entwickelnde Verfahren der Datenhochrechnung. So kann die Wahrscheinlichkeit bestimmter Personengruppen, in die Stichprobe zu gelangen, zum Teil erheblich variieren. Als Beispiel sei hier nur die unterschiedliche Aufenthaltsdauer in einem Aktivitätsraum genannt. Je nach dem Ort der Befragung können einzelne Personengruppen deutlich über- bzw. unterrepräsentiert sein.

Gleichzeitig wird mit dem Ort der Befragung schon im Vorfeld entschieden, welche Teilnahmebereitschaft erwartet werden kann, denn diese fällt um so geringer aus, je aktiver die Besucher in dem Moment sind, in dem diese für eine Befragung gewonnen werden sollen.

5.1   Kontaktaufnahme an den Zugängen

Eine Möglichkeit der Kontaktaufnahme besteht darin, die Besucher beim Betreten des Aktivitätsraumes anzusprechen. Diese Variante bietet den wesentlichen Vorteil, dass (außer Personen, die den Betrachtungsraum mehrmals aufsuchen) alle Besuchergruppen die gleiche Wahrscheinlichkeit haben, in die Stichprobe zu gelangen. In besonders günstigen Fällen lässt sich mit der Kontaktaufnahme an den Zugangsbereichen über das Verfahren der systematischen Quotierung (jeder x-te Besucher wird kontaktiert) sogar eine zufällige Auswahl erreichen, so dass sich aufwendige Verfahren der Datenhochrechnung erübrigen (vgl. HAUTZINGER 2003; Beitrag im gleichen Band).

Nachteilig bei der Kontaktaufnahme an den Zugangsbereichen ist der mit steigender Anzahl der Zugangsmöglichkeiten zunehmende Aufwand der Befragung, da für eine repräsentative Stichprobe alle Zugänge zu berücksichtigen sind. Zudem ist es mit dieser Art der Kontaktierung nur möglich, Fußgänger anzusprechen. Das bedeutet, dass bei der Möglichkeit mit anderen Verkehrsmitteln in den Aktivitätsraum zu gelangen, an den Zugängen nur ein Teil der Besucher erreicht wird.

Äußerst günstige Voraussetzungen für die Kontaktaufnahme an den Zugängen bestanden bei der Landesgartenschau in Ostfildern. Dort handelte es sich um ein abgeschlossenes Gelände mit nur zwei Zugängen und einem weiteren Ausgang (vgl. Abb. 1 in Kap. 6.2). Die Besucher betraten das Gelände aufgrund der Eingangssituation nur einzeln nacheinander — folglich also zählbar. Zudem bestand in der Kontrolle der Eintrittskarten zugleich eine Unterbrechung des Weges, so dass die Kontaktaufnahme ohne zusätzliche Aktivitätsunterbrechung vonstatten ging.

Trotz der zahlreichen Zugangsmöglichkeiten zum Aktivitätsraum am Titisee (vgl. Abb. 2 in Kap. 6.3)) konnte auch dort eine Kontaktierung an den Zugängen erfolgen, da durchgeführte Besucherzählungen zeigten, dass über 90 % aller Tagesbesucher an drei Stellen in den Aktivitätsraum einströmen. Diese Zugangsstellen sind der Besucherparkplatz, der Busparkplatz sowie der Bahnhof in Titisee (vgl. Abb. 2). Das Verfahren der systematischen Quotierung konnte am Titisee nicht angewendet werden, da sich die Besucher, die überwiegend pulkartig bzw. in Gruppen auftraten, nicht systematisch zählen ließen.

Nachteilig erwies sich, dass die Besucher ihren Weg in den Aktivitätsraum bei der Kontaktaufnahme unterbrechen mussten. Dies führte im Vergleich zu den anderen Demonstratorbefragungen zu deutlich höheren Verweigerungsquoten (vgl. Tab. 3).

5.2 Kontaktaufnahme am unmittelbaren Ort der Aktivität

Nicht immer lässt sich eine Kontaktaufnahme an den Zugängen eines Aktivitätsraumes realisieren. Dann wird die Kontaktaufnahme am unmittelbaren Ort der Aktivität notwendig. Die Variante bietet den Vorteil, dass Besucher in Phasen relativer Ruhe angesprochen werden können und demzufolge von einer größeren Teilnahmebereitschaft ausgegangen werden kann. Allerdings sind bei der Kontaktaufnahme am unmittelbaren Ort der Aktivität deutliche Verzerrungen der Stichprobe zu erwarten. Diese sind nicht nur in der unterschiedlichen Aufenthaltsdauer der Besucher begründet. Ebenso können verschiedene Aktivitätsangebote deutlich unterschiedliche Besuchergruppen anziehen, so dass sich je nach Befragungsstandort verschiedene Stichprobenzusammensetzungen ergeben. Auch eine unterschiedliche äußere Erreichbarkeit des Aktivitätsraumes kann dazu führen, dass sich beispielsweise in der Nähe eins ÖV-Anschlusses mehr ÖV-Nutzer aufhalten als in der Nähe eines Besucherparkplatzes. Zudem ist die Teilnahmebereitschaft bei Personen mit „ruhigeren" Aktivitäten deutlich höher als bei den aktiveren Personen.

Die Kontaktaufnahme am unmittelbaren Ort der Aktivität war am Cospudener See nicht zu vermeiden. Dort waren insgesamt 3 hauptsächliche Aktivitätsräume vorhanden, die über eine Vielzahl von Zugangsstellen zu erreichen waren. An diesen Zugangsstellen strömten die Besucher zu großen Teilen auch mit dem Fahrrad in den Aktivitätsraum. Außerdem durchfuhr eine Buslinie den Aktivitätsraum, so dass an drei Haltestellen zusätzliche Möglichkeiten bestanden, in den Aktivitätsraum zu gelangen (vgl. Abb. 3 in Kap. 6.4).

6   Organisationstechnischer Ablauf

6.1 Festlegung der Erhebungszeiträume

Mit den Demonstratorbefragungen sollte ein möglichst repräsentatives Gesamtbild der Besucher einer Saison gewonnen werden. Im Vorfeld wurden vier Einflussfaktoren selektiert, die sich auf die Besucherstruktur und das Besucherverhalten auswirken.

Der wichtigste Faktor — und das gilt wahrscheinlich für alle Aktivitätsräume im Freien — ist der Einfluss unterschiedlicher Wetterbedingungen. Besonders deutlich zeigte sich dieser Einfluss am Cospudener See, wo die Besucherzahlen im Sommer 2000 zwischen 1.300 und 18.000 Besuchern pro Tag schwankten.

Neben dem Wetter haben ferner die Tageszeit, der Wochentag (Werktag, Samstag, Sonntag) sowie die Ferienzeit wichtigen Einfluss auf Besucherstruktur und -verhalten. Für die Demonstratorbefragungen wurde festgelegt, jeweils an 9 Erhebungstagen Befragungen durchzuführen, wobei jeweils 3 Erhebungstage vor, 3 in und 3 nach den Ferien und jeweils 3 unterschiedlichen Wochentagtypen (z. B. Werktag, Sonnabend, Sonntag) zu wählen waren.

Um den Einfluss des Wetters im Vorher-/Nachhervergleich einzugrenzen, wurde weiterhin festgelegt, keine Erhebungen an Schlechtwettertagen durchzuführen, d. h. bei Regen oder Temperaturen deutlich unter 20°C. Anfängliche Überlegungen, man könnte immer bei gleichen Wetterbedingungen befragen, erwiesen sich wegen der Fülle der Wettereinflussfaktoren (Temperatur, Niederschlag, Bewölkung, Wind, Wettervorhersagen, Wetterbedingungen an den benachbarten Tagen) und wegen der begrenzten Anzahl möglicher Erhebungstage als nicht haltbar. Schon das Ausgrenzen der Schlechtwetterbedingungen führte zu erheblichem organisatorischen Aufwand, da für jeden Erhebungstag Ausweichtermine — inklusive vollständiger Personalplanung — zu organisieren waren.

6.2 Landesgartenschau Ostfildern

Abb. 1: Übersichtsplan Landesgartenschau Ostfildern

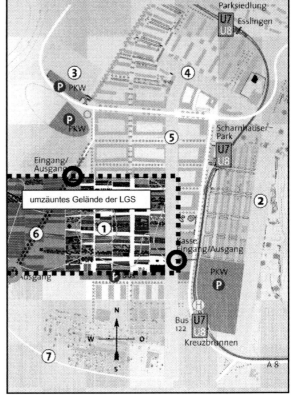

Im Vergleich zu den Befragungen am Titisee und am Cospudener See war die organisationstechnische Durchführung bei der Landesgartenschau relativ unproblematisch. Das Besucheraufkommen war für die jeweiligen Erhebungstage durch die automatischen Zähleinrichtungen an den Eingängen genau bekannt. Ausgehend vom erwarteten Besucheraufkommen und der gewünschten Stichprobengröße wurde ermittelt, dass jeder 10. Besucher der Landesgartenschau zu anzusprechen war. Dieses konnte in Schwachstunden mit 5, in Spitzenzeiten mit 10 Erhebungskräften, die an den beiden Eingängen positioniert waren, gewährleistet werden. Besucher, die mit der Befragung einverstanden waren, bekamen Fragebögen ausgehändigt, die während des Aufenthaltes auf dem Gelände der Gartenschau auszufüllen waren und beim Verlassen an den Ausgängen abgegeben werden konnten.

6.3 Titisee

Wesentlich schwieriger gestaltete sich der Erhebungsablauf am Titisee, bedingt durch die pulkartigen und teilweise wenig gerichteten Besucherströme. Um einen repräsentativen Querschnitt der Besucher zu erfassen, waren je Standort ca. 8-10 Erhebungskräfte erforderlich – ein Personalaufwand, der mit den verfügbaren finanziellen Mitteln nicht abzudecken war.

Aus diesem Grund kam am Titisee ein stichprobentheoretisch fundiertes rollierendes System zu Einsatz, bei dem in festge-

Abb.2: Übersichtsplan Titisee mit den Standorten der Befragung

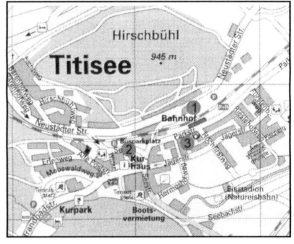

legten Zeiträumen (jeder Erhebungstag wurde in 3 Zeiträume eingeteilt) alle Erheber auf einen Teilraum konzentriert wurden. Mit dem Erhebungsplan (vgl. Tab. 2) wurde gewährleistet, dass in jedem Teilraum jeweils vor, in und nach den Ferien zu jedem Zeitraum einmal erhoben werden konnte.

Tab. 2: Erhebungsplan Titisee

Tag	Großparkplatz	Busparkplatz	Parkstraße
Werktag in den Ferien	9-12 Uhr	12-15 Uhr	15-18 Uhr
Samstag in den Ferien	12-15 Uhr	15-18 Uhr	9-12 Uhr
Sonntag in den Ferien	15-18 Uhr	9-12 Uhr	12-15 Uhr
Werktag außerhalb der Ferien	9-12 Uhr	12-15 Uhr	15-18 U hr
Samstag außerhalb der Ferien	12-15 Uhr	15-18 Uhr	9-12 Uhr
Sonntag außerhalb der Ferien	15-18 Uhr	9-12 Uhr	12-15 Uhr

Beim Titisee kamen unterschiedliche Befragungsmethoden zum Einsatz. An den Standorten 1 bis 3 (vgl. Abb. 2) bekam ein Teil der Besucher Fragebögen ausgehändigt, die beim Verlassen des Geländes entweder in Sammelbehälter einzuwerfen waren oder beim Erhebungspersonal abgegeben werden konnten. An andere Besucher wurde mit dem Fragebogen ein Rücksendekuvert ausgegeben.

Zum Vergleich der Erhebungsmethodik (vgl. Kap. 4) und zum Vergleich der Befragungsdaten wurden an zusätzlichen Tagen auch mündliche Interviews im Bereich der Seestraße (Fußgängerzone und Hauptaktivitätsraum) durchgeführt.

Zeitgleich mit den Befragungen fanden Besucherzählungen an den Hauptzugängen statt (vgl. Abb. 3).

Abb. 3: Ausschnitt einer Zählliste mit Erfassung von Alter und Geschlecht der Besucher, angewendet am Cospudener See und am Titisee

Passantenzählung Cospudener See							ISUP GmbH Dresden				
Zählstelle **B-I**							Zählzeit : .... Uhr bis .... Uhr				
Name der Zählkraft :											
Datum :											
	unter 18		18 - 24		25 - 35		35 - 50		51 - 65		über 65	
Richtg.												
B1 -> B2/3												
Parkplatz nach Nordstrand und Erlebnisa.												

6.4 Cospudener See

Die Besucherbefragung am Cospudener See wurde im Vorfeld auf die Strandbereiche begrenzt, da nur bei den Badegästen und Strandausflüglern Ansatzpunkte für Verhaltensänderungen bestehen. Die ebenfalls vorhandenen Radausflügler, die den Cospudener See umrunden, sich aber nicht oder nur sehr kurz im Aktivitätsraum aufhalten, sind einerseits an ihr Verkehrsmittel gebunden und andererseits sind sie keine Zielgruppe für Verhaltensänderungen im Rahmen des ALERT-Projektes.

Der wirtschaftlichen Durchführung der Befragung kamen die im Rahmen eines Pilottests ermittelten relativ langen Aufenthalte der Besucher entgegen. So verweilten nur 1,7 % der Besucher weniger als 1/2 Stunde an den Badessträinden, über 90 % blieben mindestens 1 Stunde.

Die drei ausgemachten Aktivitätsräume des Cospudener Sees (Nordstrand, Ostufer incl. Hafen und Waldbad Lauer) wurden in insgesamt 5 Befragungsbereiche

Abb. 4: Übersichtsplan Cospudener See mit Befragungsbereichen und Aktivitätsräumen

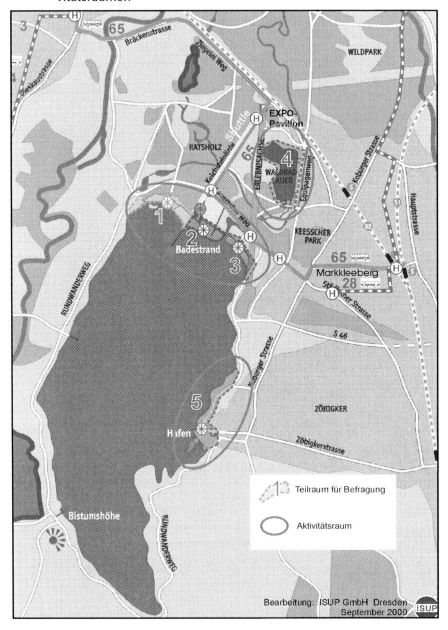

eingeteilt (vgl. Abb. 4). Durch den Einsatz von 2 bis 3 Erhebungskräften je Befragungsbereich wurde gewährleistet, dass der größte Teil der Besucher, die mindestens 1/2 Stunde verweilten, und alle Besucher mit über einer Stunde Aufenthaltsdauer angesprochen werden konnten.

Den Strandbesuchern wurden Fragebögen und Kugelschreiber ausgehändigt, die später wieder eingesammelt wurden. Außerdem konnten die Fragebögen beim Verlassen des Geländes an den Hauptzugängen abgegeben werden, da zeitgleich zu den Befragungen auch Besucherzählungen durchgeführt wurden.

7 Maßnahmen der Datenhochrechnung

Bei Befragungen am Ort der Aktivität kommt es je nach Art der Stichprobenauswahl teilweise zu erheblichen Verzerrungen der Stichprobe gegenüber der Grundgesamtheit (vgl. Abschnitt Problematik und Lösungsansätze sowie HAUTZINGER 2003; Beitrag im gleichen Band).

Falls die Wahrscheinlichkeit, mit der unterschiedliche Besuchertypen eines Aktivitätsraumes in die Stichprobe gelangen können, bestimmbar ist, lassen sich die stichprobenbedingten Verzerrungen mittels geeigneter Verfahren der Datengewichtung hochrechnen. Die Vorrausetzungen dafür sind jedoch schon bei der Durchführung der Befragung zu schaffen.

Wesentlich ist beispielsweise die Fragebogengestaltung. So müssen unterschiedliche Besuchertypen über Kontrollfragen im Fragebogen bzw. im Interviewerleitfaden identifiziert werden.

Mittels zeitgleicher Besucherzählung können nicht nur das Besucheraufkommen an den Erhebungstagen, sondern auch äußerlich erkennbare soziodemografische Merkmale erfasst werden (vgl. Abb. 3). So lassen sich Verzerrungen dieser Merkmale bestimmen und korrigieren.

Bei den Demonstratorbefragungen wurden weiterhin alle Kontakte in Ausgabe- und Verweigerungslisten erfasst (vgl. Abb. 5). Dadurch können teilnahmebedingte Verzerrungen der Stichprobe gewichtet werden, beispielsweise falls ältere Personen häufiger bereit sind an der Befragung teilzunehmen als jüngere.

Abb. 5: Ausgabe- und Verweigerungslisten

Fragebogen-Nr. (Paginiernr.)	Geschlecht		Altersklasse						Zeitpunkt der Ausgabe
	m	w	unter 18	18-24	25-35	36-50	51-65	über 65	
13.601									
13.602									
13.603									
13.604									

Verweigerung	Geschlecht		Altersklasse						Zeitpunkt des Kontaktes
	m	w	unter 18	18-24	25-35	36-50	51-65	über 65	

8   Vergleich der Befragungsergebnisse/Rücklaufquoten

Bei der Betrachtung der Befragungsergebnisse im Hinblick auf die Rücklaufquoten fallen zunächst die sehr unterschiedlichen Verweigerungsquoten auf. Besonders hoch war der Anteil der Verweigerer bei der Befragung am Titisee mit ca. 61 % (vgl. Tab. 3). Diese hohe Verweigerungsrate lässt sich zum Teil dadurch erklären, dass die Besucher bei der Kontaktaufnahme ihren Weg in den Aktivitätsraum unterbrechen mussten. Weitere Ursachen könnten ein geringeres Interesse der Besucher am Aktivitätsort selbst (dieses war besonders bei der Landesgartenschau deutlich ausgeprägt) und ein geringes Zeitbudget am Aktivitätsort sein. Am geringsten waren die Verweigerungsquoten mit ca. 20 % am Cospudener See. Dies ist darauf zurückzuführen, dass die Besucher der Strandbereiche überwiegend weniger aktiv waren und ein großes Zeitbudget hatten. So waren die Aktivitäten Erholen, Baden, Spazierengehen und Am-Strand-Liegen die am meisten genannten Aktivitäten der Standbesucher.

Der Rücklauf bezogen auf die Fragebogenausgabe (Titisee 30 %, Landesgartenschau 50 %, Cospudener See 60 %) spiegelt das unterschiedliche Zeitbudget und das höchstwahrscheinlich vorhandene unterschiedliche Interesse an den Aktivitätsorten ebenfalls wieder. Interessant ist auch der Vergleich zwischen dem Rücklauf, der durch die Ausgabe von portofreien Rückumschlägen und dem direkten Einsammeln der Fragebögen zustande kommt. Beide Varianten wurden am Titisee getestet, wobei der Postrücklauf mit etwa 19 % deutlich geringer ausfällt, als der direkte Rücklauf mit etwa 42 %.

Dagegen wurden am Cospudener See, wo Rückumschläge nur auf ausdrückliche Wunsch der angesprochenen Besucher verteilt worden sind, mit etwa 70 % sogar eine höhere Rücklaufquote erzielt, als beim direkten Rücklauf.

Tab. 3: Rücklauf- und Verweigerungsquoten der Demonstratorbefragungen

	Titisee	LGS	Cospudener See
Kontakte	1.431	7.398	6.449
Verweigerungen	870	2.268	1.431
prozentual	61 %	31 %	22 %
Ausgabe Fragebögen	561	4.530	5.018
davon direkt	291		4.538
davon mit Rücksendekuvert	270		480
Rücklauf absolut	173	2.220	3.035
nur direkte Ausgabe	122		2.696
nur Post	51		339
bezogen auf Fragebogenausgabe	ca. 30 %	ca. 50 %	ca. 60 %
nur direkte Ausgabe	42 %		59 %
nur Post	19 %		71 %
Rücklaufquote bezogen auf Kontakte	12 %	30 %	47 %

Bei der Betrachtung des Rücklaufs bezogen auf die Kontakte spiegeln sich die Unterschiede hinsichtlich der Verweigerungsquoten und der Rückläufe, bezogen auf die Fragebogenausgabe deutlich wieder (Titisee 12 %, Landesgartenschau 30 %, Cospudener See 47 %).

9   Schlussfolgerungen

Aus dem Vergleich der Befragungsergebnisse lassen sich für schriftliche Befragungen am Ort der Aktivität einige Schlussfolgerungen ziehen. Diese beziehen sich nachfolgend auf Empfehlungen zur Steigerung der Rücklaufquoten und der Teilnahmebereitschaft sowie auf Maßnahmen zur Sicherung einer möglichst guten Datenrepräsentativität.

9.1 Schlussfolgerungen bezüglich Teilnahmebereitschaft und Teilnahmeverhalten

Festgestellt wurde, dass die Teilnahmebereitschaft von 3 Faktoren abhängt. Diese Faktoren betreffen:

a) das Maß der Aktivitätsunterbrechung zum Zeitpunkt der Kontaktaufnahme
Je aktiver die zu befragenden Personen zum Zeitpunkt der Kontaktaufnahme sind, desto geringer ist deren Bereitschaft, diese Aktivität zu unterbrechen. Bei der Rekrutierung am eigentlichen Ort der Aktivität können Personen dann angesprochen werden, wenn sie sich in Phasen relativer Ruhe befinden.

b) das erwartete bzw. geplante Zeitbudget am Ort der Aktivität
Besonders bei Bustouristen, die die Aufenthaltsdauer am Ort der Aktivität nicht selber bestimmen können, ist von höheren Verweigerungsraten auszugehen. Bei der Planung von Befragungen gibt es allerdings keine Möglichkeiten auf das erwartete/geplante Zeitbudget Einfluss zu nehmen. Die Befragung sollte aber dem vermuteten Zeitbudget angemessen sein.

c) das Eigeninteresse am Aktivitätsraum
Das Interesse an einem Aktivitätsraum kann Fallweise sehr verschieden sein. So wurden bei der Landesgartenschau weniger interessierte Besucher durch den Eintrittspreis von vornherein ausgefiltert. Außerdem kann man feststellen, das regional ansässige Besucher mehr Interesse an einem Aktivitätsraum haben als beispielsweise Touristen aus weiter entfernten Regionen.
Grundsätzlich sollen Fragebögen bzw. Interviewleitfäden Meinungen und Aussagen zu dem jeweiligen Aktivitätsraum hinterfragen, auch wenn diese Aussagen nicht von primärer Bedeutung sind. Damit wird, bei vorhandenem Eigeninteresse am Aktivitätsraum, das Teilnahmeverhalten deutlich positiv beeinflusst.
Das Teilnahmeverhalten, also ob ausgehändigte Fragebögen wirklich ausgefüllt werden oder nicht, hängt neben dem tatsächlich vorhandenen Zeitbudget am Aktivitätsort auch davon ab, ob sich zum Ausfüllen des Fragebogens Ruhephasen ergeben. Positiv beeinflussen lässt sich das Teilnahmeverhalten auch durch das Erzeugen eines gewissen sozialen Erwartungsdrucks, indem beispielsweise das Erhebungspersonal in Sichtkontakt zu den rekrutierten Personen verbleibt und diese mit Nachfragen zum ausgefüllten Fragebogen rechnen müssen.

9.2 Schlussfolgerungen bezüglich der Repräsentativität der Stichprobe

Die Kontaktaufnahme an den Zugängen des Aktivitätsraumes ist aus Sicht der Stichprobenrepräsentativität der Kontaktaufnahme im Aktivitätsraum eindeutig vorzuziehen, wenngleich die Teilnahmebereitschaft dadurch häufig geringer ausfällt. Nur wenn diese Art der Kontaktaufnahme nicht umzusetzen ist, sollte die Rekrutierung der Besucher am eigentlichen Ort der Aktivität erfolgen. Dann muss jedoch eine weitaus größere Stichprobe anvisiert werden, damit auch für unterrepräsentierte Besuchergruppen ausreichend Fallzahlen für die Datenhochrechnung vorhanden sind.

Im Vorfeld der Befragungen sollte z. B. mittels Pretests und geeigneter Voruntersuchungen analysiert werden, wie sich vorhandene Besuchergruppen/Besuchertypen unterscheiden und welche Wahrscheinlichkeit für die jeweilige Gruppe besteht, in die Stichprobe zu gelangen. Im Fragebogen müssen Kontrollfragen für die Zuordnung zu dem jeweiligen Besuchertyp enthalten sein.

Grundsätzlich sollten zeitgleich zu den Befragungen Zählungen der Besucher erfolgen, bei denen auch das Alter sowie das Geschlecht der Besucher erfasst wird. Außerdem sind sorgfältig geführte Ausgabe- und Verweigerungslisten eine Basis für die spätere Entzerrung der Stichprobe gegenüber der Grundgesamtheit.

Literatur

BADROW, Alexander (2002): Nachfrage, Bedarf, Erheben, Prognostizieren/Szenarios berechnen auf der Grundlage von Haushaltsbefragungen und Strukturdaten – Skript zur Vorlesungsreihe Verkehrsinfrastrukturplanung 2. Dresden

COLLIN, Hans-Jürgen, et al. (1991): Empfehlungen für Verkehrserhebungen, EVE 91

FASTENMEIER, Wolfgang (2003): Ein Erklärungsansatz für Motive und Aktivitäten in Alltags- und Erlebnisfreizeit. In: HAUTZINGER, Heinz (Hrsg.): Freizeitmobilitätsforschung – Theoretische und methodische Ansätze. Mannheim 2003, S. 59-73 (= Studien zur Mobilitäts- und Verkehrsforschung, 4)

HAUTZINGER Heinz (2003): Stichprobendesigns für Erhebungen am Aktivitätsort. In: HAUTZINGER, Heinz (Hrsg.): Freizeitmobilitätsforschung –Theoretische und methodische Ansätze. Mannheim 2003, S. 21-32 (= Studien zur Mobilitäts- und Verkehrsforschung, 4)

HAUTZINGER Heinz, Lothar NEUMANN, Matthias PFEIL, Beate REINERS & Bernd SCHAAF (2003): Verbundprojekt ALERT: Gegenstand und Demonstrationsvorhaben. In: HAUTZINGER, Heinz (Hrsg.): Freizeitmobilitätsforschung –Theoretische und methodische Ansätze. Mannheim 2003, S. 11-20 (= Studien zur Mobilitäts- und Verkehrsforschung, 4)

MOTZKUS, Arnd (Februar 2000): Feldberichte der Haushaltbefragungen und der Befragungen am Aktivitätsort. Heilbronn (*unveröffentlichtes Manuskript)*

Motzkus, Arnd (Juni 2000): Erhebungsdesign Cospudener See. Heilbronn (*unveröffentlichtes Manuskript)*

MOTZKUS, Arnd (Juni 2001): Erhebungsdesign zur Zählung und Befragung der Besucher des Titisees. Heilbronn (*unveröffentlichtes Manuskript*)

NEUMANN, Lothar & Bernd SCHAAF (September 2002): Erhebungsdesign für die Besucherbefragung Landesgartenschau Ostfildern. Stuttgart (*unveröffentlichtes Manuskript*)

NEUMANN, Lothar, SCHAAF, Bernd et al. (Januar 2001): Besucher- und Verkehrsanalyse Titisee. Piloterhebung 2000. Stuttgart (*unveröffentlichtes Manuskript*)

PFEIFFER, MANFRED: (2003): Evaluation von Maßnahmen zur Beeinflussung des Freizeitmobilitätsverhaltens. In: HAUTZINGER, Heinz (Hrsg.): Freizeitmobilitätsforschung – Theoretische und methodische Ansätze. Mannheim 2003, S. 47-58 (= Studien zur Mobilitäts- und Verkehrsforschung, 4)

Evaluation von Maßnahmen zur Beeinflussung des Freizeitmobilitätsverhaltens

Manfred Pfeiffer (Mannheim)

Zusammenfassung

Der Freizeitverkehr macht inzwischen etwa 50 % der Personenverkehrsleistung in Deutschland aus. Es existiert eine breite Palette von Maßnahmen, mit denen das Ziel verfolgt wird, den hauptsächlich Pkw-orientierten Freizeitverkehr in Richtung eines ressourcen- und umweltschonenden Mobilitätsverhaltens zu beeinflussen. Die Abschätzung der Wirksamkeit und der Effizienz solcher Maßnahmen bedingt die Anwendung wissenschaftlicher Evaluationsmethoden.

Im Rahmen des Projektes ALERT („Alltags- und Erlebnisfreizeit"), das zum Forschungsprogramm „Freizeitverkehr" des Bundesministeriums für Bildung und Forschung gehört, werden ausgewählte Maßnahmen zur Beeinflussung der Freizeitmobilität erprobt und evaluiert.

Der vorliegende Beitrag beschäftigt sich mit der Methodik der Evaluation dieser Maßnahmen. Darüber hinaus wird versucht, einen allgemeinen Überblick über die Evaluationsforschung, die dort verwendeten Untersuchungsdesigns und deren Anwendbarkeit in der Freizeitmobilitätsforschung zu geben.

Summary

In Germany, leisure mobility accounts for some 50 % of the passenger kilometres. There is a whole string of measures under discussion, which are aimed at altering personal mobility behaviour to reduce the negative effects on environment and resources due to the mainly car-oriented leisure mobility. In order to gather some information on the efficacy and efficiency of such measures evaluation methods have to be applied.

Within the scope of the project ALERT(„Alltags- und Erlebnisfreizeit"), which is part of the research programme „leisure mobility" funded by the German Ministry of Education and Research, selected measures related to leisure mobility are implemented and evaluated.

The present contribution is dealing with the evaluation methodology of these measures. Furthermore, a general overview on the area of evaluation research, the underlying research designs and their applicability in leisure mobility research is given.

1   Einführung

Bei der Freizeitmobilität handelt es sich aufgrund ihrer vielfältigen Ausprägungen und Erscheinungsformen um einen sehr komplexen Untersuchungsgegenstand. Sie umfasst den abendlichen Spaziergang um den Block und die Fahrt zum Sporttraining jeden Mittwoch Abend genauso wie den Wochenendausflug zum Ski fahren oder die vierwöchige Urlaubsreise nach Neuseeland. Dementsprechend vielfältig sind auch die Ansatzpunkte, den Freizeitverkehr, der inzwischen ja etwa 50 % der Personenverkehrsleistung in Deutschland ausmacht, in Richtung eines ressourcen- und umweltschonenden Mobilitätsverhaltens zu beeinflussen.

Im Rahmen des Projektes ALERT werden an zwei Demonstratoren, von denen einer die Alltags- und der andere die Erlebnisfreizeit repräsentiert, ausgewählte Maßnahmen zur Beeinflussung der Freizeitmobilität erprobt und evaluiert. Der vorliegende Beitrag beschäftigt sich mit der Methodik der Evaluation dieser konkret umgesetzten Maßnahmen und versucht darüber hinaus einen groben Überblick über die Evaluationsforschung, die dort verwendeten Untersuchungsdesigns und deren Anwendung in der Freizeitmobilitätsforschung zu geben. Evaluationsergebnisse können im vorliegenden Beitrag noch nicht vorgestellt werden, da die entsprechenden Erhebungen im Moment laufen oder noch bevorstehen.

2   Was ist Evaluation?

Mit Hilfe von Evaluationsstudien sollen Aussagen über die Wirksamkeit bzw. Nicht-Wirksamkeit praktischer politischer oder planerischer Maßnahmen hinsichtlich bestimmter Erfolgskriterien gemacht werden. Ein weiteres, wenn auch nicht immer konsequent verfolgtes Ziel ist die Abschätzung von unbeabsichtigten positiven und vor allem negativen Begleiterscheinungen einer Maßnahme oder eines Maßnahmenbündels (vgl. DIEKMANN 1998). Ganz allgemein geht es in der Evaluationsforschung um die Bewertung von Handlungsalternativen mit dem Ziel, praktische Maßnahmen zu überprüfen, zu verbessern und über sie zu entscheiden (WOTTAWA & THIERAU 1998).

Einer der bekanntesten Definitionsversuche für den Begriff Evaluationsforschung stammt von ROSSI und FREEMAN (1993). Danach beinhaltet Evaluationsforschung *„die systematische Anwendung empirischer Forschungsmethoden zur Bewertung des Konzeptes, des Untersuchungsplanes, der Implementierung und der Wirksamkeit von (sozialen) Interventionsprogrammen".* Evaluation kann sich demnach auch auf die Planung eines Programms oder auf die Kontrolle der Durchführung beziehen. Gelegentlich wird dies nach SCRIVEN (1991) auch als formative Evaluation bezeichnet, es geht hierbei gewissermaßen um die Identifikation verbesserungswürdiger Bestandteile einer Maßnahme. Der Kern ist jedoch in aller Regel die Messung des vollen Umfangs der Effekte eines Programms (summative Evaluation), die in Form einer Nützlichkeitsanalyse („utility assessment") durchgeführt wird: Die Maßnahme wird im Hinblick auf die erzielten bzw. intendierten Ergebnisse bewertet.

Dabei kann man zwischen einer reinen Wirkungsanalyse, welche lediglich den Nutzen einer Maßnahme anhand bestimmter Kriterien untersucht und einer Kosten-Effizienz-Analyse, wo auch das Verhältnis von Aufwand und Ertrag berücksichtigt wird, unterscheiden. Kosten-Effizienz-Analysen kann man nochmals unterteilen in

Kosten-Nutzen- und Kosten-Effektivitäts-Analysen. Bei ersteren werden sowohl die Kosten als auch der Nutzen monetär bewertet, d.h. in Geldeinheiten ausgedrückt, bei letzteren ist dies nur hinsichtlich der Kosten der Fall. Hier wird der Nutzen in sogenannten Nutzwerteinheiten ausgedrückt. Zum Vergleich von Maßnahmenprogrammen verwendet man dann die Nutzwertsumme je eingesetzter Geldeinheit (vgl. BAMBERG, GUMBL & SCHMIDT 2000, S. 18f).

3 Grundkonzept der Evaluierung von Maßnahmen

Das Ziel der Wirkungsanalyse besteht darin, zuverlässige Aussagen darüber zu ermöglichen, ob eine Maßnahme tatsächlich die intendierten Effekte hervorbringt. Dies zielt auf die Frage ab, wie sich die Situation darstellen würde, wenn die entsprechende Maßnahme nicht durchgeführt worden wäre. Das Grundprinzip zur Beantwortung dieser Frage besteht im Vergleich von Gruppen. Eine oder mehrere Gruppen, die der betreffenden Maßnahme „ausgesetzt" sind („Experimentalgruppe[n]"), werden mit solchen verglichen, bei denen dies nicht der Fall ist („Kontrollgruppe[n]"). Aus eventuellen Unterschieden zwischen diesen Gruppen bezüglich im Vorhinein festzulegender Wirkkriterien wird auf die Wirksamkeit der Maßnahme geschlossen. Die entscheidende Voraussetzung hierfür ist jedoch, dass diese Gruppen äquivalent sind, d.h., die selbe Struktur aufweisen und sich somit auch sinnvoll miteinander vergleichen lassen.

Im klassischen Experiment wird diese Äquivalenz durch die sogenannte Randomisierung hergestellt, d.h., die Gruppenaufteilung erfolgt über einen Zufallsmechanismus. Im Bereich von verkehrsbezogenen Maßnahmen sind jedoch — abgesehen von Maßnahmen der Bewußtseinsbildung oder Informationskampagnen — echte experimentelle Designs mit randomisierten Gruppen selten möglich, da sich verkehrliche Maßnahmen sehr oft auf ganz bestimmte räumliche Einheiten beziehen. Dies gilt insbesondere für Maßnahmen, die auf die Freizeitmobilität abzielen. So werden etwa lokale Freizeiteinrichtungen oder touristische Zielgebiete von ganz bestimmten Gruppen genutzt. Möchte man nun z.B. die in einem Feriengebiet eingeführten verkehrlichen Maßnahmen durch den Vergleich mit einem Gebiet ohne solche Maßnahmen evaluieren, so erscheint es kaum möglich, im Vorhinein über ein Zufallsprinzip eine Gruppenaufteilung vorzunehmen und dann der einen Gruppe die Maßnahme zuzuweisen und der anderen nicht — was ja den Besuch des jeweiligen Zieles voraussetzen würde. Noch weniger möglich ist eine Randomisierung, wenn die verkehrliche Wirkung einer Freizeiteinrichtung selbst beurteilt werden soll. Interessiert man sich beispielsweise dafür, ob ein neues attraktives Naherholungsgebiet die Wegelängen der dort wohnenden Bevölkerung im Freizeitverkehr reduziert, so kann man dabei eigentlich nur so vorgehen, dass man das Freizeitverkehrsverhalten der Bewohner mit dem einer Kontrollregion vergleicht. Eine zufällige Aufteilung ist aufgrund des räumlichen Bezugs der Maßnahme nicht möglich, wenngleich natürlich innerhalb der beiden Regionen Zufallsstichproben gezogen werden können und sollten.

Das bedeutet, man ist bei der Evaluation von Maßnahmen zur Beeinflussung der Freizeitmobilität meist auf die Anwendung quasi-experimenteller Designs angewiesen, wo „natürliche" Gruppen als Vergleichsbasis herangezogen werden. Eine solche Verwendung natürlicher Gruppen im Rahmen quasi-experimenteller Designs stellt insofern ein methodisches Problem dar, als mögliche Drittvariableneffekte (z.b. unterschiedliche Führerscheinbesitzquoten) durch die fehlende Randomisierung nicht ausgeschlossen werden können. Verschärft wird dieses Problem dann, wenn die Gruppen aus Personen bestehen, die sich freiwillig zur Teilnahme an der Studie bereit erklärt haben. Hier können erhebliche Selbstselektionseffekte sowohl im Hinblick auf die Teilnahme an der Studie wie auch den Abbruch auftreten.

Teilweise können Einflüsse von Drittvariablen berücksichtigt werden. Zum einen besteht die Möglichkeit, solche Variablen, von denen eine Einfluss vermutet wird, bei der Stichprobenbildung konstant zu halten. D.h., es werden jeweils nur Personen ausgewählt, die hinsichtlich dieser Drittvariable die gleiche Ausprägung aufweisen. Dies wirkt sich jedoch negativ auf die Verallgemeinerbarkeit der Ergebnisse aus. Zum anderen kann im Rahmen der Datenanalyse eine nachträgliche Kontrolle von Drittvariablen durch die Verwendung multivariater statistischer Verfahren durchgeführt werden. Entscheidende Voraussetzung für beide Vorgehensweisen ist natürlich, dass solche Störvariablen im Vorhinein bekannt sind und bei der Stichprobenbildung bzw. Erhebung berücksichtigt werden.

4   Quasi-experimentelle Untersuchungdesigns

Die wesentliche Entscheidung bei der Evaluation von Maßnahmen betrifft die Wahl des Untersuchungsdesigns, d.h., *„wann, wo, wie und wie oft die empirischen Indikatoren an welchen Objekten erfasst werden sollen"* (SCHNELL, HILL & ESSER 1992, S. 223). Grundsätzlich kann hier, wie bereits erwähnt, zwischen experimentellen und nicht-experimentellen Designs unterschieden werden (vgl. z.B. CAMPBELL & STANLEY 1963). Aus den genannten Gründen können jedoch die Kriterien eines experimentellen Designs im strengen Sinne in der Praxis der Evaluation freizeitmobilitätsbezogener Maßnahmen kaum erfüllt werden. Insofern sind in aller Regel nur quasi-experimentelle Designs möglich. CAMPBELL und STANLEY unterscheiden insgesamt 10 Typen von quasi-experimentellen Untersuchungsdesigns, deren Grundvarianten im folgenden kurz vorgestellt werden sollen. Diese lassen sich nochmals danach gliedern, ob es um den Test von Unterschieds- oder Veränderungshypothesen geht (vgl. BORTZ & DÖRING 1995).

4.1   Designs für Unterschiedshypothesen

Bei Unterschiedshypothesen wird geprüft, ob zu einem bestimmten Zeitpunkt Unterschiede zwischen verschiedenen Gruppen bestehen. Es handelt sich somit um eine Querschnittbetrachtung. Hier sind insbesondere die drei folgenden Designs zu nennen:

Extrem- bzw. Kontrastgruppendesign: Hier werden Gruppen bzw. Gebiete oder Einrichtungen mit (bereits vorhandener) extrem hoher bzw. niedriger Maßnahmenintensität verglichen. Ein Beispiel hierfür wäre der Vergleich eines Feriengebietes mit sehr guter ÖV-Anbindung mit einem Gebiet, das nur sehr umständlich oder gar nicht mit öffentlichen Verkehrsmittel zu erreichen ist. Dieses Design ist weniger zu empfehlen, da festgestellte Unterschiede in den Wirkkriterien generell auch von einer Vielzahl von anderen, nicht kontrollierten Faktoren herrühren können.

Mit/Ohne-Vergleich bzw. Mehrgruppenvergleich: Eine oder mehrere (z.B. bei verschiedenen Maßnahmeintensitäten) Untersuchungsgruppe(n) werden mit einer Kontrollgruppe zum selben Zeitpunkt verglichen (vgl. Abb. 1).

Eine wichtige Voraussetzung zur Erzielung valider Ergebnisse ist eine hohe strukturelle Ähnlichkeit von Kontroll- und Experimentalgruppe(n). Dabei kann es unter Umständen relativ schwierig sein, eine geeignete Kontrollgruppe zu finden. So müsste z.B. die Kontrollgruppe für ein mit bestimmten Maßnahmen belegtes touristisches Zielgebiet aus einem ganz ähnlichen Gebiet (mit etwa derselben Besucherstruktur) bestehen, welches die zu evaluierenden Maßnahmen nicht aufweist. Manchmal ist es auch gar nicht möglich, eine Kontrollgruppe zu finden, z.B. bei allgemeinen preis- oder ordnungspolitischen Maßnahmen – die sich natürlich auch auf die Freizeitmobilität beziehen –, da alle MIV- oder ÖV-Nutzer von diesen Maßnahmen betroffen sind.

Abb. 1: Mit/Ohne-Vergleich

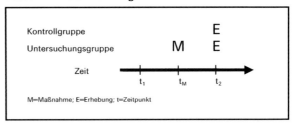

Faktorielle Designs: Soll die Wirkung von Maßnahmenkombinationen evaluiert werden, gelangt man zu faktoriellen Designs. Will man etwa die Effekte zweier Maßnahmen (z.B. Parkgebühr und ÖV-Tarif) mit jeweils 2 Intensitätsstufen (hoch-niedrig) untersuchen, müssten 4 Gruppen gebildet werden. Hier ist dann auch die Prüfung von Interaktionseffekten möglich. Allerdings spielt dieses Design im Rahmen quasi-experimenteller Untersuchungen keine große Rolle, da es selten möglich ist, solche Maßnahmenkombinationen *unter sonst ähnlichen Bedingungen* in der Realität vorzufinden bzw. herzustellen.

4.2 Designs für Veränderungshypothesen

Veränderungshypothesen zielen darauf ab, ob im Zeitverlauf Veränderungen in den Wirkkriterien stattgefunden haben. Es liegt also eine Längsschnittsbetrachtung vor. Dabei spielen vor allem die folgenden Untersuchungspläne eine wichtige Rolle:

Vorher/Nachher-Vergleich: In nur einer Untersuchungsgruppe werden vor und nach Einführung der Maßnahme die Wirkindikatoren gemessen, natürlich können auch mehrere Nachher-Messungen stattfinden (vgl. Abb. 2).

Problematisch ist hierbei, dass ein eventueller Maßnahmeneffekt kaum von anderen Einflüssen, wie z.B. endogenen Veränderungen, allgemeinen gesellschaftlichen und ökonomischen Trends (z.B. steigende Kraftstoffpreise) oder

Abb. 2: Vorher/Nachher-Vergleich

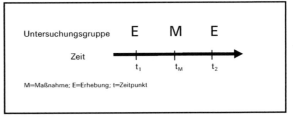

störenden Ereignissen (z.B. Einrichtung von neuen touristischen Angeboten in Feriengebieten), getrennt werden kann (vgl. hierzu z.B. BAMBERG, GUMBL & SCHMIDT 2000; COOK & CAMPBELL 1979).

Vorher/Nachher-Vergleich mit Kontrollgruppe(n): In einer oder mehreren Untersuchungsgruppen finden vor und nach Einführung der Maßnahme Messungen statt, zu den gleichen Zeitpunkten wird in einer oder mehreren Kontrollgruppen ohne Maßnahme erhoben (vgl. Abb. 3).

Im Gegensatz zum einfachen Vorher/ Nachher-Vergleich können mit diesem Design validere Aussagen über die Maßnahmenwirkung gemacht werden, da zumindest die Veränderungen in beiden Gruppen verglichen werden können. Über den Vergleich zwischen Maßnahme- und Kon-

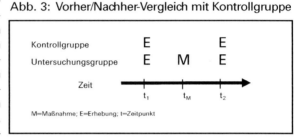

Abb. 3: Vorher/Nachher-Vergleich mit Kontrollgruppe

trollgruppe können darüber hinaus mögliche Störeinflüsse durch das zwischenzeitliche Geschehen kontrolliert werden, sofern sich dies in allen Gruppen gleichermaßen auswirkt (vgl. DIEKMANN 1998).

Vorher/Nachher-Mit/Ohne-Vergleich: Dieses Design unterscheidet sich vom zuletzt genannten dadurch, dass die Maßnahme in der Kontrollgruppe (in der folgenden Abbildung als Untersuchungsgruppe 2 bezeichnet) vor der ersten Messung in Kraft ist und danach zurückgezogen wird (vgl. Abb. 4).

Der Vorteil liegt darin, dass sich so auch Informationen über die Nachhaltigkeit einer Maßnahme, d.h., ob die Effekte zeitlich überdauern oder nach Rücknahme der Maßnahme wieder verschwinden, gewinnen lassen. Der Nachteil dieser Vorgehensweise besteht darin, dass diese einen län-

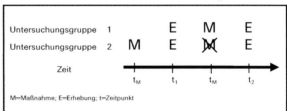

Abb. 4: Vorher/Nachher-Mit/Ohne-Vergleich

geren Untersuchungszeitraum erfordert, weil die Maßnahme bereits im Vorher-Zeitraum in der Kontrollgruppe ausreichend lange eingeführt sein muss. Darüber hinaus lassen sich z.B. mit baulichen Veränderungen verbundene Maßnahmen nur schwer oder gar nicht rückgängig machen.

Findet die Messung der Wirkindikatoren in Form von Befragungen statt, so wird bei diesen auf Veränderungshypothesen bezogenen Untersuchungsplänen in aller Regel vorausgesetzt, dass wieder dieselben Personen in Form eines Panels[1] befragt

---

1) Unter einem Panel versteht man eine Untersuchungsanordnung, in der dieselben Merkmale an denselben Personen mit dem gleichen Messinstrument zu mindestens zwei verschiedenen Zeitpunkten erhoben werden.

werden. Jedoch kann die Durchführung eines Panels bei der Evaluation freizeitmo-bilitätsbezogener Maßnahmen mit einigen Schwierigkeiten verbunden sein. Wollte man beispielsweise die von entsprechenden verkehrsbezogenen Maßnahmen er-warteten Verhaltenseffekte bei Besuchern eines Freizeitparks im Rahmen eines Vor-her/Nachher-Vergleichs evaluieren, so ist dies natürlich nur bei denjenigen möglich, die den Park mindestens zweimal besuchen, nämlich einmal vor und einmal nach der Einführung der Maßnahme. Die bringt u.U. einen hohen Aufwand mit sich, da der mehrfache Besuch eines bestimmten Freizeitzieles innerhalb einer abgegrenz-ten Periode durchaus ein seltenes Ereignis sein kann. Grundsätzlich besteht natür-lich die Möglichkeit, die Befragung nur im Nachher-Zeitraum durchzuführen und bei den Personen, die das Ziel früher (vor der Maßnahmeneinführung) schon einmal besucht haben, die Vorher-Werte der Wirkindikatoren retrospektiv zu erfragen. Pro-blematisch ist hierbei jedoch die korrekte Erinnerung an den Vorher-Zeitraum, wobei zudem die Abstände zwischen den relevanten Ereignissen in der Regel stark variie-ren dürften.

Vielfach werden daher von Welle zu Welle neue Stichproben gezogen, die dann bei entsprechend vielen Messzeitpunkten mit Methoden der *Zeitreihenanalyse* aus-gewertet werden können. Das Problem besteht darin, dass in diesem Falle Zufallsfehler, die aus einer erneuten Stichprobenziehung von Erhebungswelle zu Erhebungswelle resultieren können, die Ergebnisse möglicherweise beeinflussen.

5   Evaluationskonzepte im Projekt ALERT

5.1   Durchgeführte Maßnahmen zur Beeinflussung des Freizeit-mobilitätsverhaltens: Die ALERT-Demonstratoren

Im Rahmen des Demonstrators Landesgartenschau Ostfildern wurden die folgen-den Maßnahmen implementiert:

- Verkehrsleitkonzept für den Pkw- und Busanreiseverkehr
- Parkierungskonzept: Schaffung und Bewirtschaftung von Besucherparkplätzen direkt am Gartenschaugelände
- Anbindung des Gartenschaugeländes an die Stadtbahn; während der Landes-gartenschau Anpassung des Angebots an die Nachfrage
- Anreiseinformationen für ÖPNV und MIV (Flyer, Internet, Rundfunk etc.)
- Im Vorverkauf erworbene Eintrittskarte beinhaltet die kostenlose Anfahrt mit Öf-fentlichen Verkehrsmitteln im Bereich des Verkehrs- und Tarifverbunds Stuttgart („Kombiticket").

Diese Maßnahmen werden im Rahmen einer einmaligen Besucherbefragung unter-sucht. Es handelt sich damit nicht um eine echte Evaluation der Wirkungen dieser Maßnahmen, sondern lediglich um eine Bewertung dieser Maßnahmen durch die Besucher. Kern der Evaluierungsarbeiten in diesem Demonstrator stellt ein Direkt-marketing-Verfahren bei 4.000 Stuttgarter Haushalten dar, dessen Design im näch-sten Abschnitt beschrieben wird.

Beim Demonstrator Cospudener See wurden bzw. werden folgende verkehrliche Maßnahmen eingeführt:

- Bau von Besucherparkplätzen (Hafen) mit Gebührenerhebung und statischem Parkleitsystem
- Restriktive MIV-bezogene Maßnahmen in angrenzenden Wohngebieten (Einbahnstraßen, Parkverbote, Zufahrt nur für Anwohner)
- Fahrradabstellanlagen und Radverkehrswegweisung
- Neue Buslinie zwischen Leipziger Osten und Cospudener See
- Einführung des Mitteldeutschen Tarifverbunds
- ÖV-Marketing-Kampagne.

5.2 Untersuchungsdesigns

5.2.1 Cospudener See

Die im Rahmen des Demonstrators „Cospudener See" umgesetzten Maßnahmen werden in Form eines Vorher/Nachher-Vergleichs mit zwei Nachher-Messungen evaluiert. Bei den insgesamt drei Erhebungen handelt es sich um Besucherbefragungen, d.h., die Befragungspersonen werden während ihres Aufenthaltes am See interviewt (sog. „intercept survey"). Die Basiserhebung fand im Sommer 2000 statt, damals wurden 3.039 Personen befragt. Die erste Nachher-Messung wurde vor wenigen Wochen abgeschlossen, hier liegt von knapp 4.800 Besuchern ein Fragebogen vor. Die Abschlusserhebung ist für Sommer 2003 geplant.

Durch diese dreiteilige Erhebung wird auch der Tatsache Rechnung getragen, dass die einzelnen Maßnahmen schrittweise umgesetzt werden. Somit ist es eventuell möglich, nicht nur das Maßnahmenbündel als Ganzes sondern auch einzelne Bestandteile daraus zu evaluieren. Die Besucherbefragungen sind nicht als Panel angelegt, d.h., es wird für jede Erhebung eine neue Stichprobe gezogen. Dies hat damit zu tun, dass eine Panelbefragung zwar grundsätzlich möglich, aber mit einem extrem hohen Aufwand verbunden wäre. Um ein Paneldesign realisieren zu können, müssten alle Befragten der Basiserhebung über Jahre hinweg begleitet werden, um diese bei einem eventuellen erneuten Besuch des Sees nach Einführung der Maßnahmen nochmals befragen zu können. Dabei hätte die Stichprobe der Basiserhebung sehr groß sein müssen, um in den Nachher-Messungen noch auf eine ausreichend große Zahl von befragungsbereiten Besuchern zu stoßen. Ein solcher Aufwand war im Rahmen des Projektes nicht zu leisten.

5.2.2 Landesgartenschau Ostfildern

Ganz ähnlich ist die Problemlage auch bei der Evaluation des im Rahmen der Landesgartenschau durchgeführten Direktmarketing-Verfahrens. Auch hier wäre eine Panel-Untersuchung schwierig zu administrieren gewesen, da dies mindestens einen zweifachen Besuch der Gartenschau voraussetzen würde - einen vor und einen nach der Betreuung mit dem individuellen Marketing. Da solche temporäre Veranstaltungen erfahrungsgemäß nur selten mehr als einmal aufgesucht werden (abgesehen von den Bewohnern aus der unmittelbaren Umgebung), wäre ein Paneldesign trotz des damit verbundenen hohen Aufwands wohl zum Scheitern verurteilt gewesen.

Daher wird die Evaluation des Direktmarketing-Verfahrens in Form eines Mehr-
gruppen-Vergleiches durchgeführt. Drei Experimentalgruppen mit unterschiedlichen Intensitäten hinsichtlich des individuellen Marketings werden einer Kontrollgruppe von Gartenschaubesuchern ohne Betreuung gegenübergestellt. Die den drei
Experimentalgruppen zugeordneten Marketing-Varianten lassen sich wie folgt be-
schreiben (siehe auch Abb. 5):

• Variante 1: Postwurfsendung mit Anschreiben und Antwortpostkarte zur Anforderung persönlicher Informationen zu Anreisemöglichkeiten, Eintrittspreisen
  und Veranstaltungen der Landesgartenschau (1.289 Haushalte)
• Variante 2: Postwurfsendung mit Anschreiben und Grundinformationen zur Landesgartenschau (1.343 Haushalte)
• Variante 3: Postwurfsendung mit Anschreiben und Grundinformationen zur Landesgartenschau sowie Antwortpostkarte zur Anforderung persönlicher Informationen (1.290 Haushalte).

Abb. 5: Untersuchungsdesign Landesgartenschau Ostfildern

Variante	Grundinformationen	Antwortpostkarte zur Anforderung persönlicher Informationen
1 (1.289 Haushalte)		X (95 Haushalte)
2 (1.343 Haushalte)	X	
3 (1.290 Haushalte)	X	X (48 Haushalte)

In Variante 1 werden die Rücksender der Antwortpostkarte (95 Haushalte) zu ihrem
Gartenschaubesuch, so er stattgefunden hat, befragt. In Variante 2 werden alle
Haushalte kontaktiert, die Gartenschaubesucher herausgefiltert und befragt. In Variante 3 werden die Rücksender der Postkarte (48 Haushalte) befragt, für die anderen
gilt das selbe Verfahren wie in Variante 2. Die Befragung findet im November 2002
statt und wird in telefonischer Form durchgeführt.

Da sich diejenigen Haushalte in Gruppe 3, die keine persönlichen Informationen
angefordert haben, hinsichtlich des erhaltenen Informationsmaterials nicht von
Gruppe 2 unterscheiden, können diese beiden Gruppen bei der Auswertung zusammengefasst werden.

Geht man davon aus, dass in allen Haushalten, die weitergehende Informationen
angefordert haben, mindestens eine Person die Gartenschau besucht hat und die
Besuchsquote in den anderen Gruppen etwa 5 % beträgt, besteht die Bruttostich-
probe für die 3 Experimentalgruppen aus insgesamt etwa 270 Personen (pro Haushalt wird eine Person befragt). Das Direktmarketing-Verfahren wurde ausschließlich
im Stuttgarter Stadtteil Zuffenhausen durchgeführt, wodurch erreicht wird, dass die
Bedingungen hinsichtlich der Erreichbarkeit der Landesgartenschau bei allen einbe-
zogenen Haushalten in etwa gleich sind. Für die verschiedenen Marketing-Varianten
wurden drei jeweils zusammenhängende räumliche Bereiche ausgewählt.

Die Kontrollgruppe wurde hingegen aus Besuchern der Landesgartenschau rekrutiert. Hierfür wurden 12 Gebiete in der Umgebung ausgesucht, die hinsichtlich der Erreichbarkeit der Landesgartenschau mit öffentlichen oder Individualverkehrsmitteln (Reisezeiten, Umsteigehäufigkeit) vergleichbare Bedingungen wie Zuffenhausen aufweisen. Im Zuge der Besucherbefragung wurden nach einem Zufallsprinzip Besucher der Gartenschau ausgewählt und nach ihrem Wohnort befragt. Kam die angesprochene Person aus einem dieser 12 Gebiete, wurde sie um die Teilnahme an der telefonischen Befragung gebeten. Grundsätzlich hätte die Kontrollgruppe natürlich aus den restlichen Gebieten in Zuffenhausen rekrutiert werden können. Hier hätte dann aber die Gefahr bestanden, dass man bei einem entsprechenden Screening auf eine nur sehr geringe Anzahl von Gartenschaubesuchern gestoßen wäre.

Mit dem eben geschilderten Verfahren konnten insgesamt 76 Besucher für die Kontrollgruppe rekrutiert werden. Da eine Gruppengröße von etwa 200 Personen anvisiert ist, werden aus der schriftlichen Besucherbefragung noch die Fragebögen herangezogen, die von Personen aus den gewählten Kontrollgebieten ausgefüllt wurden.

5.3 Wirkindikatoren

Der wesentliche Indikator zur Beurteilung der Wirkungen sowohl der Maßnahmen im Demonstrator Cospudener See als auch des Direktmarketing-Verfahrens im Rahmen der Landesgartenschau ist der Modal-Split, also das beim jeweils in Rede stehenden Besuch gewählte Verkehrsmittel. Auch die Gründe für die Verkehrsmittelwahlentscheidung und die Beurteilung der Erreichbarkeit des Demonstrators vom eigenen Wohnort mit dem ÖPNV oder motorisierten Individualverkehrsmitteln können als wichtige Wirkkriterien angesehen werden.

Speziell bei ÖPNV-Nutzern ist auch die Art des benutztes Fahrscheins von Bedeutung, insbesondere gilt dies für den Demonstrator Landesgartenschau, da hier eine im Vorverkauf erworbene Eintrittskarte die Anreise mit dem ÖPNV beinhaltete. Bei MIV-Nutzern werden darüber hinaus Informationen zum Parkvorgang (Dauer der Parkplatzsuche, Art des Parkplatzes) zur Maßnahmenbeurteilung herangezogen.

Letztlich dienen auch noch allgemeine Angaben zum Besuch des Demonstrators, wie Besuchshäufigkeit, Aufenthaltsdauer, Gruppengröße und — im Fall der Landesgartenschau — der Dauerkartenbesitz, als Wirkindikatoren.

Die genannten Indikatoren resultieren allesamt aus den demonstratorbezogenen Befragungen. Darüber hinaus werden aber auch noch Ergebnisse aus Verkehrsbeobachtungen (z.B. Zählungen im ruhenden Verkehr) zur Wirkungsmessung verwendet.

Bezüglich der zur Anwendung kommenden Datenanalyseverfahren muss zwischen den beiden Demonstratoren unterschieden werden. Im Fall „Cospudener See" werden Auswertungs- bzw. Testverfahren für k unabhängige Stichproben benötigt (z.B. Kruskal-Wallis-Test). Darüber hinaus kommen aber auch regressionsanalytische Verfahren in Betracht, bei denen der Erhebungszeitpunkt erklärende Variable ist.

Zur Messung der Wirkungen des Marketing-Verfahrens im Rahmen der Landesgartenschau werden — je nach Skalenniveau des betreffenden Indikators — Varianzanalysen oder Logit-Modelle mit der Gruppenzugehörigkeit als unabhängiger Variable durchgeführt. Zur Kontrolle eines etwaigen Selbstselektionseffektes wird darüber hinaus noch eine Variable „ÖV-Affinität" (operationalisiert über die allgemeine ÖV-Nutzungshäufigkeit der Person) als Prädiktor in das Modell aufgenommen. Es könnte nämlich sein, dass vermehrt solche Personen, die dem ÖV grundsätzlich positiv gegenüber stehen oder diesen häufig nutzen, persönliche Informationen angefordert haben.

6 Fazit und Empfehlungen

Die Evaluation von Maßnahmen im Bereich der Freizeitmobilität ist ohne Zweifel eine methodisch anspruchsvolle Aufgabe. Dies gilt insbesondere dann, wenn die zu evaluierenden Maßnahmen auf Besucher bestimmter Gebiete, Einrichtungen (Ferienregionen und Freizeitparks) oder einzelner „Events" gerichtet sind.

Aufgrund des räumlichen Bezugs der Maßnahmen ist hier eine Randomisierung nicht möglich, weshalb nur vorgefundene Gruppen im Rahmen quasi-experimenteller Designs untersucht werden können. Darüber hinaus sind adäquate Kontrollgebiete häufig schwierig zu finden, da z.b. infrastrukturelle Bedingungen zwangsläufig immer bis zu einem gewissen Grad differieren. Schließlich sind auch Paneldesigns selten realisierbar, weil dies einen wiederholten Besuch der Anlage oder des Gebiets voraussetzt. Bei singulären „Events" (z.b. open air-Konzert) ist ein Paneldesign gänzlich ausgeschlossen.

Dies bedeutet, dass querschnittbezogene Designs, wie z.b. ein einfacher Mit/Ohne-Vergleich für diese Zwecke nicht zu empfehlen sind, da es kaum gelingt, zwei Untersuchungsgebiete zu finden, die sich bis auf die in Rede stehende Maßnahme nicht unterscheiden. Wann immer möglich, sollten Längsschnittuntersuchungen in Form eines Vorher-Nachher-Vergleiches, am besten unter Verwendung einer Kontrollgruppe, benutzt werden. Da hier Informationen über den Ausgangszustand in beiden Gruppen gewonnen werden können, sind über den Vergleich der Veränderungen in Experimental- und Kontrollgruppe validere Aussagen über die Maßnahmenwirksamkeit ableitbar. Darüber hinaus sollten möglichst viele Faktoren, welche möglicherweise auf die Wirkung einer zu prüfenden Maßnahme Einfluss nehmen oder selbst entsprechende Wirkungen hervorrufen, mit erfasst werden, um solche Störgrößen im Rahmen von statistischen Modellen bereinigen zu können (vgl. BÜSCHGES 1977).

Eine Genauigkeitssteigerung kann durch simultane Wirksamkeitsuntersuchungen, wie sie im Bereich der Unfallforschung vorgeschlagen wurden (vgl. BRÜHNING und ERNST 1987), erreicht werden. Hierbei werden mittels ein und derselben Untersuchungsanordnung mehrere Erhebungen an verschiedenen Orten oder Untersuchungsgruppen simultan durchgeführt. Hierfür sind auch entsprechende Analyseverfahren entwickelt worden. Im Vergleich zu Unfalluntersuchungen ist jedoch in der Freizeitmobilitätsforschung der zusätzliche Aufwand wesentlich höher, weil die entsprechenden Daten nicht von offizieller Seite erhoben werden. Zum anderen liegen die Maßnahmenentscheidungen oft in privater Hand und sind daher vom Forscher nur schwer beeinflussbar.

Literatur

BAMBERG, Sebastian, Harald GUMBL & Peter SCHMIDT (2000): Rational Choice und theorie-geleitete Evaluationsforschung. Am Beispiel der „Verhaltenswirksamkeit ver-kehrspolitischer Maßnahmen". Opladen

BORTZ, Jürgen & Nicola DÖRING (1995): Forschungsmethoden und Evaluation. 2. Auflage. Berlin, Heidelberg, New York

BRÜHNING, Ekkehard & Gabriele ERNST (1987): Methodik und Analyse von (simultanen) Wirksamkeitsuntersuchungen. Teil 1: Methodische Grundlagen und neue statisti-sche Analyseverfahren für (simultane) Wirksamkeitsuntersuchungen. Bergisch Gladbach (= Forschungsberichte der Bundesanstalt für Straßenwesen, Bereich Unfallforschung)

BÜSCHGES, Günter (1977): Probleme der Wirksamkeitsuntersuchungen. Köln (= For-schungsberichte der Bundesanstalt für Straßenwesen, Bereich Unfall- und Sicher-heitsforschung Straßenverkehr)

CAMPBELL, Donald T. & Julian C. STANLEY (1963): Experimental and Quasi-experimental Designs for Research on Teaching. In: GAGE, N.L. (Hrsg.): Handbook of Research on Teaching. Chicago. S. 171-246

COOK, Thomas D. & Donald T. CAMPBELL (1979): Quasi-Experimentation: Design and Analy-sis Issues for Field Settings. Chicago

DIEKMANN, Andreas (1998): Empirische Sozialforschung. Grundlagen, Methoden, Anwen-dungen. 4., durchgesehene Auflage. Reinbek

ROSSI, Peter H. & Howard E. FREEMAN (1993): Evaluation. A Systematic Approach. 5th edi-tion. London

SCHNELL, Rainer, Paul B. HILL & Elke ESSER (1992). Methoden der empirischen Sozialfor-schung. 3. Auflage. München, Wien

SCRIVEN, Michael S. (1991): Evaluation Thesaurus. 4th edition. Newbury Park

WOTTAWA, Heinrich & Heike THIERAU (1998): Lehrbuch Evaluation. 2., vollständig überarbei-tete Auflage. Bern

Hautzinger, Heinz (Hrsg.): Freizeitmobilitätsforschung –Theoretische und methodische Ansätze.
Mannheim 2003, S. 59 - 73 (= Studien zur Mobilitäts- und Verkehrsforschung, Bd. 4)

Ein Erklärungsansatz für Motive und Aktivitäten in Alltags- und Erlebnisfreizeit

Wolfgang Fastenmeier (München)

Zusammenfassung

Zentrales Anliegen dieses Beitrages ist das „Verstehen" von Freizeitmobilität. Ein entsprechendes theoretisches Rahmenmodell wird vorgestellt und mit Ergebnissen aus Tiefeninterviews (n=280) kontrastiert. Im Mittelpunkt stehen dabei mobilitätsrelevante Freizeitaktivitäten und deren zugrundeliegende Motive sowie der Automatisierungsgrad dieser Aktivitäten.

Summary

Understanding Motives and Activities in Leisure-time Mobility

This contribution has its focus on the understanding of subjective reasons and motives for leisure-time mobility. Results of half-structured interviews (n=280), which were based on a theoretical model that combines motivational and external factors, will demonstrate the validity of this model for everyday and weekend leisure-time activities.

1   Einführung

Eines der wesentlichen Ziele des Projektverbundes ALERT (Förderschwerpunkt „Freizeitverkehr" des BMBF) ist es, für die beiden Mobilitätsformen Alltags- und Erlebnisfreizeit wissenschaftlich fundierte Erklärungs- und Gestaltungsansätze zu entwickeln bzw. zu verbessern. Im Zentrum der folgenden Darstellung steht daher das „Verstehen" der subjektiven Gründe für Freizeitmobilität.

Mit einer *Beschreibung* des Ist-Zustandes des Phänomens Freizeitverkehr erhielte man eine Grundlage auch für Prognosen im Sinne quantitativer Vorhersagen der Entwicklung von Freizeitmobilität. Eine Beschreibung des beobachtbaren Freizeitverhaltens und seiner Bestimmungsfaktoren liefert aber noch keine *Erklärung*, d.h., damit kann noch nicht die weitergehende Frage beantwortet werden, warum welche Variablen für ein bestimmtes Freizeitverhalten entscheidend sind. Ein solches Wissen wäre aber z.B. Voraussetzung für effektive *Beeinflussungen* der Freizeitmobilität. Daher ist es unbestreitbar wichtig, über die Beschreibung des äußeren, beobachtbaren Freizeitmobilitätsverhaltens hinaus die *Gründe und Motive* zu erfahren, welche die Entscheidung, überhaupt mobil zu werden, die Verkehrsmittelwahl, die Ziel- und Routenwahl etc. determinieren.

Eine erste Annäherung an die subjektive Perspektive von Freizeitmobilität ist in ALERT bereits in einer repräsentativen bundesdeutschen Haushaltsbefragung erfolgt: Ziel war es hier, eine subjektive, aus der Sicht der Individuen erstellte Kategorisierung von „Freizeit" und „Freizeitverkehr" vorzunehmen und dabei mögliche gruppenspezifische Unterschiede (geschlechts-, alters-, lebenszyklusabhängige) bei den subjektiven Definitionen von Freizeit und Freizeitmobilität sowie eine erste empirisch ermittelte – also nicht aus Expertensicht a priori festgelegte – Zweckdifferenzierung von Freizeitmobilität empirisch herauszuarbeiten (vgl. FASTENMEIER, GSTALTER & LEHNIG 2001a). Die Beschreibung von Freizeitmobilität stand im Mittelpunkt zweier weiterer Arbeitsschritte: der anlassbezogenen Zielortbefragung des Demonstrators Cospudener See (siehe dazu auch den Beitrag von SCHUBERT und PFEIL in diesem Band)) sowie insbesondere der repräsentativen Regionalbefragungen mittels Mobilitätstagebüchern in den beiden Erhebungsräumen Südlicher Schwarzwald und Großraum Leipzig. Hier ging es um die Beantwortung der Fragen nach dem jeweiligen Mobilitätszweck, den Gründen für die Verkehrsmittelwahl, die Häufigkeit der Fahrtzwecke, zeitliche Verteilungen der Fahrten nach Uhrzeiten, Wochentagen und Monaten, Art, Anlässe, Aktivitäten- und Wegeketten bei Freizeitfahrten, Zielorten und ihren Charakteristika, Einbettung von Freizeitfahrten in die Gesamtmobilität, etc.

Mit der subjektiven Kategorisierung von Freizeit und Freizeitverkehr und der empirischen Beschreibung von Freizeitmobilität ist jedoch noch nicht die angesprochene Frage nach deren Verständnis beantwortet. Hierbei geht es vielmehr um die Auseinandersetzung mit den subjektiven Begründungen, Motiven und Entscheidungsprozessen, die zu unterschiedlichen Freizeitmobilitätsformen führen. Zu diesem Zweck wurden die bestehenden Versuche zur Erklärung von Freizeitmobilität, insbesondere psychologische Modellvorstellungen zur Verhaltenserklärung, auf ihre Eignung bzw. Übertragbarkeit auf das Freizeitmobilitätsverhalten überprüft und mit äußeren Faktoren, die dieses Verhalten mitbestimmen, zu einem Gesamtmodell integriert (vgl. FASTENMEIER, GSTALTER & LEHNIG, 2001b). Dieses Modell bildete die theoretische Grundlage für die Durchführung halbstrukturierter Tiefeninterviews, mit deren Hilfe die Zusammenhänge zwischen mobilitätsrelevanten Motiven, individuellen Teilnahmevoraussetzungen, subjektiven Begründungen und Entscheidungsprozessen ermittelt werden sollten.

2   Theoretisches Ausgangsmodell

Zunächst zur definitorischen Abgrenzung wichtiger Begriffe.

Motive und Zwecke/Aktivitäten: Ein Freizeitzweck, eine Freizeitaktivität (z.B. Restaurantbesuch) kann verschiedene (auch gleichzeitig wirksame) Motive befriedigen (z.B. Hunger, soziale Motive, expressive Motive). Mobilität dient fast immer mehreren Motiven (siehe auch Dieteker 1998), auch wenn nur eine Freizeitaktivität vorliegt. Umgekehrt kann auch ein einzelnes Motiv (z.B. der Wunsch nach Abwechslung) eine ganze Reihe verschiedener, recht unterschiedlicher Freizeitaktivitäten auslösen und damit zu komplexen Wegeketten führen.

Motiv und Motivation: Motive bezeichnen überdauernde individuelle Besonder-
heiten. Demgegenüber ist Motivation ein situationsabhängiges und kurzfristiges
Geschehen. Man bezeichnet damit alle Faktoren und Prozesse, die unter gegebenen
situativen Anregungsbedingungen zu Handlungen führen und diese bis zu ihrem
Abschluss in Gang halten (HECKHAUSEN 1989). In der Motivation treten somit Situa-
tions- und Motivfaktoren in Wechselwirkung.

In dem erwähnten Bericht von FASTENMEIER, GSTALTER & LEHNIG (2001b) ist ausführlich
hergeleitet, wie unser im Kontext von ALERT eingesetztes theoretisches Ausgangsmodell entstanden ist. Hier sei lediglich ein knappes Fazit erlaubt: Eine geschlossene
theoretische Modellvorstellung zu Motiven, die Freizeitmobilität verursachen, existiert
bis dato nicht. Es sind daher allgemeine Motivationstheorien auf ihre Übertragbarkeit
auf den Gegenstandsbereich Freizeitmobilitätsforschung zu überprüfen.

Von den Modellen der Motivation erscheint das Modell der sozialen Motivation – als
theoretisches Modell der Grundprozesse individuellen emotionalen Erlebens – von
BISCHOF (1985) besonders guten Erklärungswert für Freizeitmobilität zu besitzen. Durch
die unabhängige Analyse biologischer Funktionen einerseits und motivationaler Wirk-
ursachen sozialer Verhaltensweisen andererseits, gelingt es dem Modell, einer zirkulä-
ren, tautologischen Erklärung dieser Verhaltensweisen zu entgehen. Den Kern des ky-
bernetischen Modells von Bischof bilden vier Emotionen: Sicherheit, Erregung, Autonomie und Libido. Sie werden als Regelkreise modelliert, denen die Sollwerte Abhängigkeit, Unternehmungslust und Autonomieanspruch entsprechen. Kurz erwähnt sei
an dieser Stelle, dass sich überraschend viele Übereinstimmungen zwischen dem Modell von BISCHOF und z.B. den Mobilitätsleitbildern bei GÖTZ et al. (1998) ergeben.

Die auf diesem Modell beruhenden Skalen zur Erfassung der Ortsbindung, der
emotionalen Bedeutung der Wohnumwelt sowie der emotionalen Bedeutung des
eigenen Pkw (siehe FUHRER & KAISER 1994) wurden daher von uns für Personenfrage-
bögen u.a. auch für die genannten Tiefeninterviews übernommen. Zusätzlich haben
wir eine Reihe von Merkmalen der Wohnsituation unserer Befragten in Haushalts-
fragebögen übernommen, die nachweislich mit dem Ausmaß an Freizeitmobilität
korrelieren. Ausgehend von der Taxonomie von Mobilitätsarten (nach LÜKING &
MEYRAT-SCHLEE 1994) sowie Ergebnissen der ersten bundesweiten Haushaltsbefragung (FASTENMEIER, GSTALTER & LEHNIG 2001a) sind dazu verschiedene Aktivitätsgrup-
pen in der Freizeit definiert worden.

Die kritische Würdigung der Literatur führt uns schließlich zu folgender Liste von
vier „Motivbündeln": Soziale Motive, Erregung, Autonomie und Naturbedürfnisse.
Erregung als Skala zwischen Furcht und Neugier ist BISCHOFS Modell entnommen;
dies gilt auch für die Autonomie. Die dritte Dimension des BISCHOF-Modells – Sicherheit – geht in unsere Auswahl ein, wird von uns aber in „soziale Motive" umbenannt
und ist entsprechend weiter gefaßt: Es enthält neben dem allgemeinen Wunsch
nach Sicherheit und Geborgenheit auch das Bedürfnis nach Kontakt zu bestimmten
Personen, nach Geselligkeit und zusätzlich Motive der sozialen Flucht. Unbestritten
belegt und nicht durch die anderen Motive herzuleiten ist das Erholungsmotiv in frischer Luft, nach Genuss von Natur und Bewegung; dies fügen wir deshalb hinzu.
Ausgehend von diesen vier Motivbündeln und einer Liste von Aktivitätsarten stellt
Tabelle 1 die Hypothesen dar, welche Art von motivationaler Ursache zu welcher
mobilitätsauslösenden Freizeitaktivität führt.

Tab.1:   Zusammenhang von Motiven und Freizeitaktivitäten

Motivbündel	Einzelmotive	Freizeitaktivitäten
Soziale Motive	Bedürfnis nach Kontakt mit best. Personen (aktiv/passiv); Sicherheit, Geborgenheit; soziale Flucht	privater Besuch Kultur, Geselligkeit Baden, Freizeitpark
Erregung	Suche nach Abwechslung; Flucht vor Langeweile; Bewegungsdrang; Unterwegs- sein; Befriedigung von Neugier, Angst etwas zu verpassen	Sport treiben Sportveranstaltung Kultur, Geselligkeit Spazieren fahren (Pkw) Baden, Freizeitpark
Autonomie	Identität; Unabhängigkeit	Spazieren fahren (Pkw) Luxussportarten
Natur	Kognitiv-ästhetische Motive; räumliche Flucht; Erholung, Gesundheit, Wohlbefinden; Unterwegssein als Genuss	Spazieren gehen, Rad fahren Sport treiben Geselligkeit, Baden

Das in Abbildung 1 dargestellte Modell soll zeigen, von welchen theoretischen Rahmenvorstellungen wir zunächst ausgegangen sind. Insbesondere die erwähnten Tiefeninterviews, deren Ergebnisse im Überblick noch dargestellt werden, sollten weitere Aufschlüsse über die Gültigkeit des Ausgangsmodells erbringen und gege-

Abb. 1: Ausgangsmodell für das Zustandekommen von mobilitätsrelevanten Freizeithandlungen

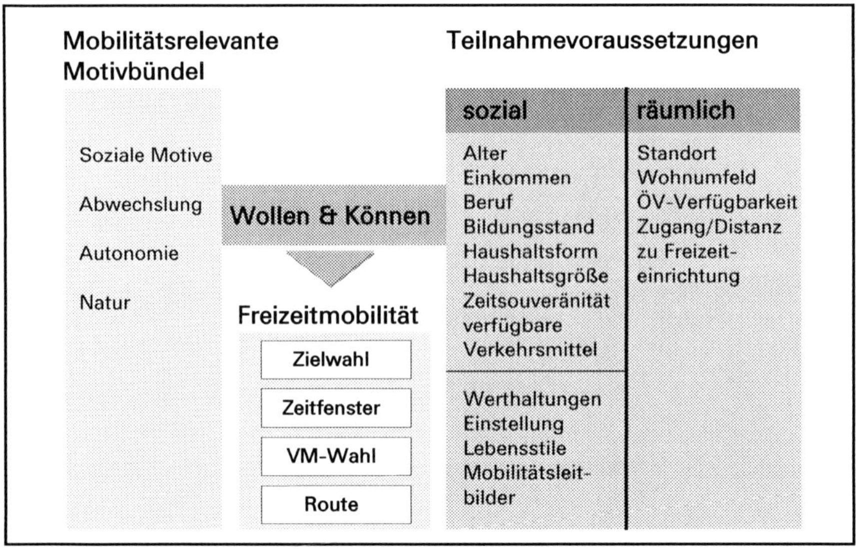

benenfalls zu entsprechenden Modifikationen führen. Im Mittelpunkt des Schemas aus Abbildung 1 (in Anlehnung an LÜKING & MEYRAT-SCHLEE 1994) steht das raum-zeit-liche Freizeitmobilitätsverhalten. Grundlage dieser Handlung ist die Aktivierung eines der vier genannten mobilitätsrelevanten Grundmotive („Wollen"). Daraus entwickelt sich in Abhängigkeit von persönlichen, sozialen und räumlichen Teilnahme-voraussetzungen („Können") ein bestimmtes Mobilitätsverhalten in der Freizeit, das im weiteren durch Entscheidungsprozesse der Ziel/Zeit/Verkehrsmittel/Routenwahl beschrieben werden kann.

Im Folgenden greifen wir eine Reihe von Ergebnissen der Tiefeninterviews zu folgenden Fragen heraus:

- Wie hängen Motive und Aktivitäten zusammen? Welche Motivbündel erzeugen also in welcher Mischung welche konkreten Ausprägungen von Freizeitmobilität und umgekehrt: Lassen sich bestimmte Freizeithandlungen auf typische Bedürfniskonstellationen zurückführen?
- In welchem Umfang werden Freizeithandlungen spontan durchgeführt, bewusst geplant oder als Gewohnheiten weitgehend automatisch gesteuert?
- Wie ist die Hierarchie der Entscheidungsprozesse bei der Zielort/Zeitfenster/ Verkehrsmittel- und Routenwahl beschaffen und welche Anteile an Gewohnheit, Spontaneität und Planung stecken in ihren einzelnen Komponenten?
- Welche Variationen ergeben sich durch unterschiedliche Teilnahmevoraussetzungen, d.h. wie werden die Ergebnisse zu den obigen Fragen durch persönliche, soziale und räumliche Bedingungen beeinflusst?

Alle Fragen wurden getrennt für die Alltags- und Erlebnisfreizeit untersucht. Unter *Alltagsfreizeit* verstehen wir dabei alle mobilitätsauslösenden Aktivitäten, die regelmäßig an jedem beliebigen Tag ausgeübt werden können. *Erlebnisfreizeit* bezieht sich demgegenüber auf einen Halb- oder Ganztagesausflug an einem Samstag, Sonntag oder Feiertag.

3 Ergebnisse

3.1 Motive und Aktivitäten in der Alltagsfreizeit

Von Mai bis August 2001 wurden im Raum Oberbayern 280 Interviews von sieben trainierten Interviewern durchgeführt. Das Interview dauerte etwa eine Stunde und wurde anhand eines Leitfadens geführt. Schon vor dem Interviewtermin hatten die Probanden einen Personen- und Haushaltsfragebogen, der Ihnen postalisch zugegangen war, auszufüllen.

Bei der Befragung zur Alltagsfreizeit mussten die Probanden zur jeweils letzten zurückliegenden Aktivität aus einer vorgegebenen Liste von Freizeitaktivitäten angeben, welches der vier Motivbündel am besten beschrieb, was sie zur Durchführung der Handlung veranlasst hatte. Die Vpn konnten auch mehrere Motivbündel benennen, mussten diese dann aber in eine Reihenfolge bringen. Ordnet man nun den Aktivitäten die verursachenden Hauptmotivbündel zu, ergeben sich die Daten aus Tabelle 2.

Die Daten zeigen, dass sich die Alltagsfreizeitaktivitäten im Wesentlichen aus dem Wunsch nach Kontakt und dem Bedürfnis nach Abwechslung ergeben. Das Autono-

Tab.2:   Aktivitäten und Motivbündel in der Alltagsfreizeit (in %)

Hauptaktivität	Soziales Motiv	Abwechslung	Autonomie	Wunsch nach Natur etc.
Privater Besuch	66,7	16,7	4,2	12,5
Kulturelle Aktivität	7,1	71,4	14,3	7,1
Geselligkeit	32,0	50,0	1,4	16,7
Badeausflug	6,3	43,8	0,0	50,0
Freizeitpark	0,0	91,7	0,0	8,3
Aktiv Sporttreiben	5,7	42,9	5,7	45,7
Besuch Sportveranstaltung	0,0	83,3	0,0	16,7
Spazieren fahren	0,0	0,0	33,3	66,7
Spazieren gehen	5,4	24,3	5,4	64,9
Radtour	5,0	30,0	0,0	65,0

miebedürfnis spielt eine untergeordnete Rolle und das Bedürfnis nach Natur manifestiert sich lediglich bei der Aktivität Spazieren gehen. Beim Besuch von Freunden/-Verwandten dominiert das soziale Bedürfnis extrem; beim Treffen von Freunden/Bekannten vermischt es sich stärker mit dem Abwechslungsmotiv. Dies zeigt sich besonders deutlich darin, dass als Motiv für private Besuche meist nur das Kontaktbedürfnis genannt wurde, beim Treffen außerhalb der Wohnung jedoch typischerweise beide Motive zum Tragen kamen, wenn auch bei der Prioritätensetzung das soziale Motiv Vorrang erhielt. Bei den meisten anderen Aktivitäten ist das Abwechslungsmotiv entscheidend, es variiert dabei nur der Anteil, zu dem die anderen Motivbündel beitragen.

3.2 Motive und Aktivitäten in der Erlebnisfreizeit

Auch bei den Wochenendausflügen haben wir unsere Probanden gebeten, für die von ihnen berichteten Aktivitäten das Hauptmotiv zu nennen. Die Motivbündel waren identisch formuliert, im Gegensatz zur Alltagsfreizeit ist jedoch die Aktivitätenliste etwas verändert. Tabelle 3 zeigt die Zuordnung der Hauptmotive zu den Aktivitäten.

Der Wunsch nach Kontakt ist nunmehr lediglich beim privaten Besuch dominierend. Dagegen bleibt das Abwechslungsmotiv sehr einflussreich, manche Aktivitäten werden fast ausschließlich damit begründet. Neu hinzu tritt im Vergleich zur Alltagsfreizeit der Wunsch nach Natur, der Spaziergänge, Radtouren, Spazierfahrten mit dem Auto motiviert und auch beim Badeausflug und Sport treiben den stärksten Einfluss ausübt. Im Gegensatz zu häufig geäußerten Behauptungen bleiben auch hier die Autonomiebedürfnisse unbedeutend.

Tab.3: Aktivitäten und Motivbündel in der Erlebnisfreizeit (in %)

Hauptaktivität	Soziales Motiv	Abwechslung	Autonomie	Wunsch nach Natur etc.
Freunde etc. besuchen	87,8	12,2	1,6	0,5
Freunde etc. treffen	73,3	22,4	2,6	1,7
In Kneipe etc. gehen	44,1	51,7	4,2	0,0
In Disco etc. gehen	36,0	60,0	4,0	0,0
Kulturelle Aktivitäten	5,6	91,0	2,3	1,1
Spazieren gehen	8,9	23,2	3,6	60,7
Spazieren fahren	5,0	65,0	10,0	20,0
Sportveranstaltung besuchen	30,8	65,4	0,0	0,0
Sport betreiben	7,8	55,7	19,1	16,5
Ehrenamt etc.	47,1	32,4	20,6	0,0

Tab.4: Motive für Mobilität in der Freizeit

Motivbündel	Erlebnisfreizeit	Alltagsfreizeit
Wunsch nach Kontakt	22,9	44,9
Abwechslung; Neugierde	41,1	41,5
Autonomie	3,9	6,1
Wunsch nach Natur	32,1	7,6

Wir haben zum Vergleich der relativen Bedeutung der Motivbündel in der Alltags- vs. Erlebnisfreizeit Tabelle 4 erstellt, in der sich über die Aktivitäten hinweg deutlich zeigt, wie sehr sich die Erlebnisfreizeit am Wochenende von der Alltagsfreizeit unterscheidet: Während in der Alltagsfreizeit lediglich die Motive nach Kontakt und Abwechslung aufgerufen und in Freizeitmobilität umgesetzt werden, tritt beim Ausflugsverhalten der Wunsch nach frischer Luft und schöner Landschaft hinzu, während das soziale Motiv auf den dritten Rang zurückfällt. In beiden Formen der Freizeitmobilität erweist sich das Autonomiemotiv als unbedeutend.

3.3 Spontane, geplante und routinemäßige Freizeitmobilität

Der Modellierung und auch dem Versuch der Modifikation von Mobilität liegen oft Annahmen über die psychische Struktur von Entscheidungen zugrunde, die die Mobilität erzeugen und in ihrer konkreten Ausgestaltung – insbesondere bei der Verkehrsmittelwahl – beeinflussen. Die Wahl eines Verkehrsmittels kann durch viele Faktoren beeinflusst werden; wichtig sind dabei aber keinesfalls ausschließlich rationale Abwägungen, sondern vor allem auch emotionale und motivationale Determinanten. Klassische Rational-choice Modelle haben deshalb nur geringen Wert für Erklärung und Vorhersage von Verkehrsmittelwahlen, insbesondere wenn sie sich auf wenige ausgewählte Variable (z.B. Fahrpreis und Fahrtdauer) beschränken.

Von den vorliegenden Modellen der Einstellungsforschung erweist sich die Theorie des geplanten Verhaltens (z.B. AJZEN 1991) als brauchbar für die Verkehrsmittelwahlmodellierung (siehe auch LEHNIG in diesem Band), insbesondere wenn die Verhaltensgewohnheiten mit berücksichtigt werden. Wir müssen aber davon ausgehen, dass die Prädiktion eines konkreten, tatsächlichen Verhaltens aus einer Intention im Falle spontaner Mobilität und auch bei Routinefreizeit schlechter ausfällt, da bei diesen Verhaltensweisen Planungen im Sinne der Theorie nicht bzw. nur unmittelbar vor dem Verhalten eine Rolle spielen. Es ist daher von Bedeutung, Art und Umfang der Planung von Freizeitmobilität differenziert nach Motivlage, Aktivitätsart und Personengruppen zu ermitteln. Dies wird für die Zielgruppenorientierung möglicher Beeinflussungsmaßnahmen nötig sein, denn die Einwirkmöglichkeiten bei spontaner, geplanter oder gewohnheitsmäßiger Freizeitmobilität sind wohl unterschiedlich zu bewerten.

Welche Aktivitäten in der Alltagsfreizeit oder beim Wochenendverkehr sind nun zu welchen Anteilen Objekt bewusster planerischer Überlegungen, bzw. welche Anteile an Spontaneität oder Routine sind typisch? Sowohl bei der Alltagsfreizeit- als auch bei der Erlebnismobilität erreichte der Planungsanteil im Mittel über die befragten Aktivitäten keine 40 %. In der Alltagsfreizeit wurde den Vereinsaktivitäten (28,6 %) und dem Sport treiben (31,8 %) ein relativ starker Gewohnheitsanteil zugeschrieben, der sich wohl oft aus dem Umstand erklärt, dass Ort und Zeit der Aktivität von vornherein vorgegeben sind. Für diese regelmäßigen Aktivitäten wurde entsprechend auch ein hoher Anteil von Verpflichtung gesehen. Überwiegend spontan eingestuft wurden Aktivitäten, deren Durchführung durch geeignete Wetterbedingungen gefördert wird (Spazierengehen, Spazierenfahren), aber auch private Besuche, Treffen von Freunden und Restaurant/Kneipenbesuche. Den höchsten Planungsaufwand wiesen kulturelle Aktivitäten auf. Da sie hauptsächlich dem Wunsch nach Abwechslung entspringen, sind sie weniger oft in der konkret vorliegenden Form durchgeführt worden, enthalten somit weniger Gewohnheitselemente und sind dadurch planungsaufwendiger. Ein ähnliches Bild ergibt sich bei der Erlebnisfreizeit, wo wir die Befragten zunächst gebeten hatten, den Ausflug entweder als spontan oder geplant einzustufen. Tabelle 5 faßt das Ergebnis zusammen.

Tab.5: Automatisierungsgrad von Aktivitäten in der Erlebnisfreizeit (in %)

Hauptaktivität (Anzahl)	Automatisierung	
	spontan	geplant
Privater Besuch	77,1	22,9
Kulturelle Aktivität	42,9	57,1
Geselligkeit	48,6	51,4
Badeausflug	87,5	12,5
Freizeitpark	66,7	33,3
Aktiv Sport treiben	42,9	57,1
Besuch Sportveranstaltung	33,3	66,7
Spazieren fahren	66,7	33,3
Spazieren gehen	75,7	24,3
Radtour	70,0	30,0
Gesamt	61,1	38,9

Scheinbar überwiegt also das spontane Element auch in der Erlebnisfreizeit. Die weitere Befragung zeigte dann aber den starken Routinecharakter. Die Frage „Haben Sie diesen Ausflug schon öfter mal in dieser oder ähnlicher Form unternommen?" wurde in 71,3 % bejaht. Die Variation reichte von 50 % bei kulturellen Aktivitäten und Freizeitparks bis zu 91,4 % beim aktiv Sport treiben. Die weitere Analyse zeigt: Die Hälfte der Ausflüge, denen Gewohnheitscharakter zugeschrieben wurde, hatten die Befragten schon über 10-mal durchgeführt. Darüber hinaus bestand das Grundmuster der Ausflüge häufig schon über viele Jahre. Zusammenfassend können wir also sagen: Entscheidungen zur Erlebnismobilität sind oft spontan, rufen dann aber typischerweise hoch gelernte Grundmuster von Aktivitäten auf, die nur wenig variiert werden.

3.4 Entscheidungsebenen und Automatisierungsgrad

Nachfolgend soll geklärt werden, in welchem hierarchischen Verhältnis die bei Freizeitaktivitäten zu treffenden Entscheidungen bezüglich des Zielortes, des Zeitpunktes, der Route und des zu nutzenden Verkehrsmittels stehen. Den Interviewpartnern wurden hierbei insgesamt fünf Entscheidungsebenen vorgelegt und zwar
- „genau wohin",
- „welcher Tag",
- „zu welcher Tageszeit",
- „auf welchem Weg",
- „mit welchem Verkehrsmittel".

Die Befragten wurden gebeten, mit Hilfe der Ziffern 1 bis 5 bei jeder in den Interviews thematisierten Freizeitaktivität anzugeben, welche der fünf Entscheidungen sie zuerst, an zweiter Stelle, an dritter Stelle etc. getroffen hatten. Es zeigt sich, dass über alle Freizeitaktivitäten hinweg in der Erlebnisfreizeit am häufigsten die Wahl des Zielorts oder die Entscheidung über den Tag des Ausflugs an erster Stelle des Entscheidungsprozesses steht. Die Entscheidung über den Zeitpunkt, an dem der Ausflug begonnen werden soll, steht am häufigsten an dritter Stelle, gefolgt von der Wahl des Verkehrsmittels und der Route.

Für die Alltagsfreizeit ergibt sich ein sehr ähnliches Bild. Der gewählte Tag tritt hier allerdings noch vor den Zielort, während Verkehrsmittel- und Routenwahl noch deutlicher an das Ende des Entscheidungsprozesses verschoben werden. Es liegt die Vermutung nahe, dass hier gar keine eigentlichen Entscheidungen getroffen werden, sondern sowieso feststehende Elemente der Mobilitätshandlung dem Entscheidungsprozess angehängt werden. Wir haben diese Vermutung überprüft, indem wir unsere Befragten auf jeder Entscheidungsebene gefragt haben, ob es sich um spontane, geplante oder gewohnheitsmäßige Entscheidungen handelte.

Das Ergebnis für die Alltagsfreizeit bestätigt klar unsere Vermutung: Die Route und die Wahl des Verkehrsmittels werden ganz überwiegend automatisch „gewählt", Ort und Zeitfenster der Handlung sind dagegen Gegenstand von bewusster Planung und spontaner Einflüsse. Die Erlebnisfreizeit zeigt ein strukturell ähnliches Bild. Insgesamt erhöht sich der Planungsanteil auf Kosten der Gewohnheit etwas, wohl wegen der durchschnittlich längeren und komplizierteren Wegeketten, aber der Anteil der routinemäßigen Verkehrsmittelwahl verändert sich nicht. Tabelle 6 zeigt, wie durchgängig diese starke Automatisierung der Verkehrsmittelwahl (also insbesondere der Wahl des PKW, mit dem 86 % der Ausflüge als Hauptverkehrsmittel durchführt worden waren) ist.

Tab.6: Aktivitäten und Automatisierungsgrad bei der Verkehrsmittelwahl in der Erlebnisfreizeit

Hauptaktivität	Automatisierungsgrad		
	spontan	geplant	Routine
Privater Besuch	0,0	9,7	90,3
Kulturelle Aktivität	7,1	64,3	28,6
Geselligkeit	5,7	28,6	65,7
Badeausflug	12,5	43,8	43,8
Besuch von Freizeitpark	0,0	8,3	91,7
Aktiv Sport treiben	3,0	21,2	75,8
Besuch von Sportveranstaltung	20,0	0,0	80,0
Spazieren fahren	0,0	50,0	50,0
Spazieren gehen	2,7	10,8	86,5
Radtour	5,0	25,0	70,0

Eine Ausnahme bilden eigentlich nur die kulturellen Aktivitäten (die wegen ihrer häufig zentralen Zielorte gut mit öffentlichen Verkehrsmitteln erreichbar sind und damit wirkliche Planungsalternativen bieten) und die Badeausflüge, die gern mit dem Rad durchgeführt werden, wenn der Zielort genügend nahe liegt. Beschränkt man sich in dieser Analyse auf die Teilmenge der mit dem PKW bewältigten Ausflüge, so steigt der Automatisierungsanteil sogar noch auf ca. 80 % an. Dies ist eine Größenordnung, die auch Lanzendorf (2002) bei einer Kölner Stichprobe ermittelt hat.

3.5   Personale, soziale und räumliche Teilnahmevoraussetzungen

Eine konkretes Freizeitmobilitätsverhalten ist einerseits wie besprochen von den zugrunde liegenden Bedürfnissen abhängig, andererseits aber auch an die im Modell der Abbildung 1 genannten Teilnahmevoraussetzungen gebunden. Die Erfüllung dieser persönlichen, sozialen oder räumlichen Mobilitätsbedingungen wird somit ebenfalls Einfluss auf die Häufigkeit und Art der Freizeitmobilität ausüben. Wir haben daher diese Variablen operationalisiert und in einem Personen- und Haushaltsfragebogen erfasst. Es ergeben sich vielfältige Zusammenhänge zwischen diesen Daten und den erhobenen Informationen zur Alltags- und Erlebnisfreizeit, die hier im einzelnen nicht dokumentiert werden können. Wir beschränken uns hier auf beispielhafte Anmerkungen.

Wir finden in den Daten vielfältige bivariate Beziehungen zwischen den Merkmalen der Freizeitmobilität einerseits und den Teilnahmevoraussetzungen andererseits; so unterscheiden sich z.B. Gartenbesitzer signifikant von der Reststichprobe. Das Merkmal Gartenbesitz ist aber mit einer Vielzahl anderer erhobener Merkmale korreliert, z.B. wohnen Gartenbesitzer seltener in der Stadt, gehören häufiger zu Familien mit großer Haushaltsgröße, haben standortbedingt typische Zugangsvoraussetzungen zu öffentlichen Verkehrsmitteln und Freizeitangeboten usw. Um die relativen Anteile dieser Variablen in ihrer Wirkung auf die Freizeitmobilität messen zu können, kommt daher nur ein multivariater statistischer Ansatz in Frage. Wir haben dazu ein Verfahren verwendet, das auf multivariaten Chi-Quadrattests basiert („Answer-Tree").

Eine Durchsicht der Ergebnisse macht zunächst deutlich, dass der Einfluss verschiedener Parameter auf die Alltagsfreizeit viel stärker ist als auf das Ausflugsverhalten am Wochenende. Anders ausgedrückt erweist sich die Erlebnisfreizeit als viel homogener; dies gilt sowohl für die Art der Aktivitäten als auch für die zugrunde liegenden Motivstrukturen. Eine Ausnahme bildet dabei die Bedeutung des Abwechslungsmotivs im Wochenendfreizeitverkehr: Für Familien mit Kindern spielt es eine entscheidende Rolle, für junge Paare ohne Kinder oder Singles in viel geringerem Maße, diese wollen sich statt dessen eher erholen. Dies wird durch einen Blick auf die Alltagsfreizeitgestaltung dieser Gruppen verständlich. Während die Familien in ihrer Freizeitgestaltung im Wesentlichen auf das Wochenende fixiert sind, unternehmen die jüngeren Singles und auch Paare ohne Kinder wochentags viel mehr, haben also bereits da genug Abwechslung.

Ein tieferer Blick in die Daten zeigt trotz äußerlich gleicher Aktivitäten allerdings manchmal Unterschiede in den auslösenden motivationalen Strukturen sowie der Art der Planungsprozesse für die Freizeitmobilität. Dazu ein Beispiel: Singles und Paare ohne Kinder suchen signifikant häufiger Restaurants und Kneipen auf als andere Lebenszyklusgruppen. Während diese Restaurantbesuche für die Paare überwiegend spontan erfolgten, beschrieben die Singles diese Aktivität als eine geplante. Offensichtlich besteht die Planung darin sicherzustellen, dass man nicht allein im Restaurant sitzt. Tatsächlich bestätigt sich diese Vermutung bei Betrachtung der für diese Aktivität angegebenen Motivstruktur: Während von Singles das Aufsuchen von Restaurant/Kneipe primär mit dem sozialen Motiv begründet wurde, stand für die Paare das Abwechslungsmotiv im Vordergrund. Dieses Beispiel, das für viele andere steht, soll zeigen, wie wir uns mit den Tiefeninterviews einem besseren Verständnis des Phänomens Freizeitmobilität nähern wollten.

Vergleicht man im Überblick alle erhobenen unabhängigen Variablen auf die Größe ihres Einflusses auf Häufigkeit und Art der Freizeitmobilität, fällt die überragende Bedeutung der „Region" auf. Wir hatten unsere Stichprobe a priori in drei Bereiche gegliedert, in denen wir etwa gleich viele Interviews durchgeführt haben: Großstadt (innerhalb der Stadtgrenzen Münchens), „Speckgürtel" (Ballungsraum außerhalb der Stadt mit guter Anbindung an die S-Bahn) und ländlicher Raum. Der so definierte Wohnort, im Wesentlichen also auch die Quelle der Freizeitmobilität erweist sich als stärkster Erklärungsfaktor für Häufigkeit und Art der Aktivitäten sowie den Merkmalen ihrer verkehrlichen Durchführung.

4 Schlussfolgerungen für die Modellbildung

Die Gegenüberstellung wichtiger Ergebnisse unserer Untersuchung zur Alltags- und Erlebnisfreizeit hat also gezeigt, dass sich beide in einer ganzen Reihe von Merkmalen unterscheiden und es sich daher verbietet, von *der* Freizeit bzw. von *der* Freizeitmobilität zu sprechen. Wir wollen daher an dieser Stelle in unser theoretisches Grundmodell zum Zustandekommen einer mobilitätsrelevanten Freizeithandlung (vgl. Abbildung 1) die Untersuchungsergebnisse einarbeiten, um auf diese

Weise für jede der beiden Freizeitformen über alle Aktivitäten hinweg darzustellen, welche Elemente typischerweise beim Zustandekommen einer Freizeithandlung eine Rolle spielen.

Wie wir gesehen haben, haben sich in der Alltagsfreizeit lediglich zwei der vier Mobilitätsbündel als mobilitätsrelevant erwiesen: der Wunsch nach Kontakt (also das soziale Motiv) und das Bedürfnis nach Abwechslung. Die beiden anderen Motivbündel („Autonomie" und „Wunsch nach Natur") spielen hingegen nur eine untergeordnete Rolle. Des weiteren zeigt sich, dass unter den räumlichen und sozialen Teilnahmevoraussetzungen insbesondere die regionale Herkunft und der Wohnort sowie der Grad an Wohnzufriedenheit einen bedeutsamen Einfluss auf das Zustandekommen einer Freizeithandlung besitzen. Dagegen spielen soziale Teilnahmevoraussetzungen wie Einkommen, Beruf und Bildungsstand hierfür keinerlei Rolle, genauso wenig wie die Zugangsmöglichkeiten zu Freizeiteinrichtungen. Als mobilitätsrelevant haben sich demgegenüber die emotionale Bedeutung des Zuhauses sowie die Selbsteinstufungen als Pkw- und ÖV-Nutzer erwiesen. Hinsichtlich der zugrundeliegenden Entscheidungsprozesse lässt sich nachweisen, dass in der Alltagsfreizeit die Wahl des Tages den Ausgangspunkt bildet, gefolgt von der Zielortwahl, der Entscheidung über die Tageszeit sowie der Wahl des Verkehrsmittels und der Route. Abbildung 2 fasst die charakteristischen Elemente für das Zustandekommen mobilitätsrelevanter Freizeithandlungen in der Alltagsfreizeit zusammen.

In der *Erlebnisfreizeit* erweisen sich drei Motivbündel als mobilitätsrelevant: das Bedürfnis nach *Abwechslung*, der *Wunsch nach Natur* sowie das soziale Kontaktbedürfnis; auch hier erweist sich das Autonomiemotiv als nicht mobilitätsrelevant. Bei der Erlebnisfreizeit beeinflusst eine ganze Reihe von sozialen und räumlichen Teilnah-

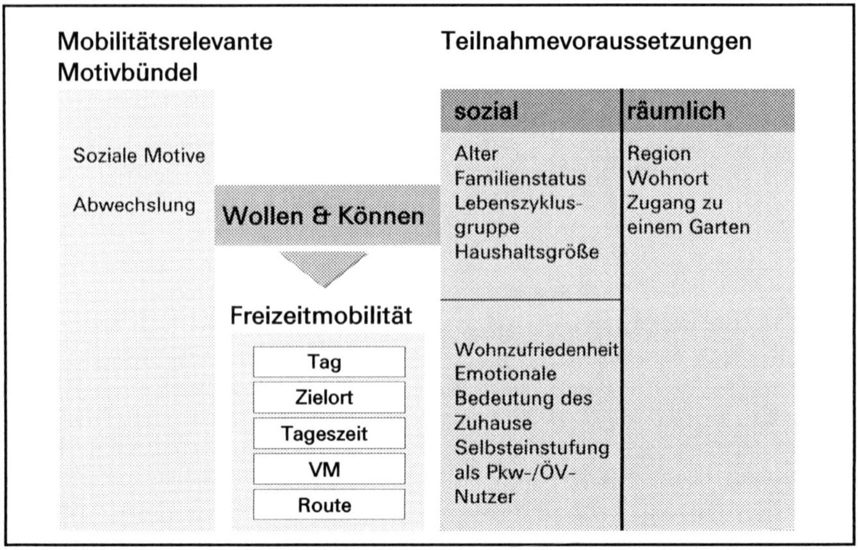

Abb. 2: Modifiziertes Modell für das Zustandekommen von Alltagsfreizeitmobilität

mevoraussetzungen das Zustandekommen einer Freizeithandlung, wobei sich die *regionale Herkunft* als die weitaus wichtigste Einflussgröße herausgestellt hat. Charakteristisch für die Erlebnisfreizeit ist weiterhin, dass sich neben der *Pkw-Verfügbarkeit* im Haushalt die *Mobilitätsgewohnheiten* im Alltag auch in der Freizeitmobilität niederschlagen, d.h. wer im Alltag mit dem Pkw unterwegs ist, wird dies auch in der Freizeit sein. Neben der *emotionalen Bedeutung des Zuhauses* und den *Selbsteinstufungen* als Pkw- und ÖV-Nutzer erweist sich hier auch die Selbsteinstufung als Radfahrer als mobilitätsrelevant. Im Unterschied zur Alltagsfreizeit bildet in der Erlebnisfreizeit die Wahl des Zielorts den Ausgangspunkt des Entscheidungsprozesses, der eine Freizeithandlung einleitet, gefolgt von der Entscheidung über den Tag, die Tageszeit, das Verkehrsmittel und die Route. Abbildung 3 gibt einen Überblick über die Elemente, die für die Erlebnisfreizeit als mobilitätsrelevant gelten können.

Abb. 3: Modifiziertes Modell für das Zustandekommen von Erlebnisfreizeitmobilität

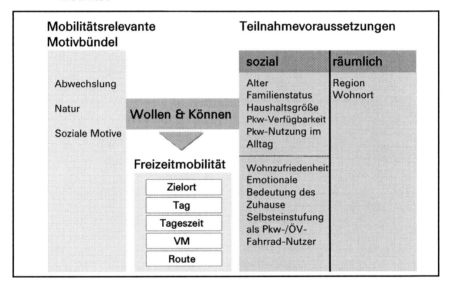

Unser theoretisches Grundmodell lässt sich prinzipiell für alle einzelnen mobilitätsrelevanten Freizeitaktivitäten weiter präzisieren (vgl. Abbildung 4). Dies sei abschließend am Beispiel der „Kulturellen Aktivitäten" demonstriert. Dominierendes und damit mobilitätsrelevantes Motivbündel bei dieser Aktivität ist das Bedürfnis nach *Abwechslung*; alle anderen Motivbündel spielen nur eine untergeordnete Rolle. Zudem zeigt sich in diesem Kontext, dass das Abwechslungsmotiv nahezu ausschließlich den Beweggrund für diese Aktivität darstellt, wenn beim *emotionalen Bezug auf das Zuhause* die Dimension „Autonomie" im Vordergrund steht. In der Großstadt werden kulturelle Aktivitäten häufiger mindestens 1- bis 2-mal im Monat unternommen als im Speckgürtel und auf dem Land; zudem berichteten junge

Abb.4: Modifiziertes Modell für das Zustandekommen kultureller Aktivitä-
        ten in der Alltagsfreizeitmobilität

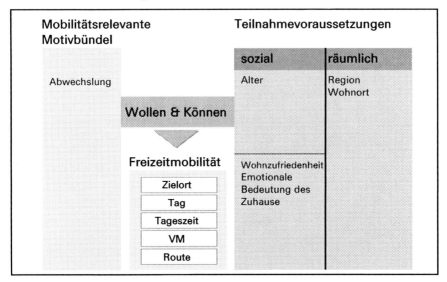

Erwachsene und Jungsenioren in den Interviews häufiger über diese Aktivitäten-
gruppe als Befragte der beiden anderen Altersgruppen. Neben der *regionalen Herkunft* und dem *Alter* erweist sich der *Wohnort* als mobilitätsrelevanter Einflussfaktor:
Während in einer Großstadt für kulturelle Aktivitäten nahezu drei Viertel der Befragten öffentliche Verkehrsmittel benutzen, finden sich in diesem Kontext in einer
mittleren Stadt und in einer ländlichen Wohnumgebung mehr als 90 % Pkw-Nutzer.
Den Auftakt des dieser Freizeithandlung zugrundeliegenden Entscheidungsprozesses bildet in der Regel die Wahl des Zielorts, gefolgt von der Entscheidung über den
Tag, die Tageszeit sowie der Wahl des Verkehrsmittels und der Route; im ländlichen
Bereich des Ballungsraums steht allerdings in drei Viertel der Fälle die Entscheidung
über den Tag am Anfang der Entscheidungsfindung. Bei dessen Automatisierungsgrad erweisen sich erneut das Alter und der emotionale Bezug auf das Zuhause als
Einflussgrößen: Die Wahl des Zielorts wird bei kulturellen Aktivitäten von den 36- bis
50Jährigen sowie von den Jungsenioren häufiger geplant, erfolgt bei jungen Er-
wachsenen und 25- bis 35Jährigen hingegen des öfteren auch spontan; des weiteren ist bei Befragten, für die beim emotionalen Bezug auf das Zuhause die Dimension „Sicherheit" von Bedeutung ist, die Entscheidung über den Tag häufiger Gegenstand der Planung, während diese Entscheidung in der Vergleichsgruppe öfter
spontan zustande kommt. Schließlich wird der Automatisierungsgrad des Entscheidungsprozesses auch von der *Zufriedenheit mit der persönlichen Wohnsituation* beeinflusst: „Wohnzufriedene" treffen bei kulturellen Aktivitäten die Wahl der Route häufiger gewohnheitsmäßig, aber auch spontaner als Befragte der Vergleichsgruppe;
und die Verkehrsmittelwahl erfolgt bei „Wohnzufriedenen" häufiger spontan, in der
Vergleichsgruppe hingegen öfter geplant.

Die dargestellten Modelle bilden die Grundlage zur Ermittlung von Zielgruppen für Beeinflussungsmaßnahmen in der Freizeitmobilität. Wie aus solchen Informationen Strategien zur Lenkung von Freizeitmobilität abgeleitet werden können, ist Gegenstand aktueller Arbeiten.

Literatur

AJZEN, Icek (1991): The Theory of Planned Behaviour. In: Organizational Behaviour and Human Decision Processes 50, pp. 179-211

BISCHOF, Norbert (1985): Das Rätsel Ödipus. Die biologischen Wurzeln des Urkonfliktes von Intimität und Autonomie. München, Zürich

DIETEKER, Jürg (1998): Was Menschen bewegt. Motive und Fahrzwecke der Verkehrsteilnahme. Hannover (= Forschungsarbeit UB/TIB Hannover)

FASTENMEIER, Wolfgang, Herbert GSTALTER & Ulf LEHNIG (2001a): Subjektiver Freizeitbegriff und Mobilitätsmuster. Ergebnisse einer bundesweiten Haushaltsbefragung. München (= Berichte aus dem Institut mensch-verkehr-umwelt, 1)

FASTENMEIER, Wolfgang, Herbert GSTALTER & Ulf LEHNIG (2001b): Erklärungsansätze zur Freizeitmobilität und Konzepte zu deren Beeinflussung. München (= Berichte aus dem Institut mensch-verkehr-umwelt, 2)

FUHRER, Urs & Florian G. KAISER (1994): Multilokales Wohnen: Psychologische Aspekte der Freizeitmobilität. Bern

GÖTZ, Konrad, Thomas JAHN & Irmgard SCHULTZ (1997): Mobilitätsstile – ein sozial-ökologischer Untersuchungsansatz. Frankfurt a.M.(= City:mobil Forschungsverbund)

HECKHAUSEN, Heinz (1989): Motivation und Handeln. Berlin

LANZENDORF, Martin (2002): Freizeitmobilität verstehen? Eine sozial-ökologische Fallstudie in vier Kölner Stadtvierteln. In: GATHER, Matthias & Andreas KAGERMEIER (Hrsg.): Freizeitverkehr. Hintergründe, Probleme, Perspektiven. Mannheim, S. 13-34 (=Studien zur Mobilitäts- und Verkehrsforschung, 1)

LÜKING, Jost & Ellen MEYRAT-SCHLEE (1994). Perspektiven des Freizeitverkehrs. Teil 1: Determinanten und Entwicklungen. Baden, Zürich

Hautzinger, Heinz (Hrsg.): Freizeitmobilitätsforschung –Theoretische und methodische Ansätze.
Mannheim 2003, S. 75 - 87 (= Studien zur Mobilitäts- und Verkehrsforschung, Bd. 4)

Die Rolle der Gewohnheit bei der Verkehrsmittelwahl in der Freizeitmobilität

Ulf Lehnig (München)

Zusammenfassung

Zentrales Anliegen dieses Beitrages ist es, auf die große Bedeutung gewohnheitsmäßiger Verhaltensweisen bei der Verkehrsmittelwahl in der Freizeitmobilität aufmerksam zu machen. Hierzu werden wesentliche Ergebnisse der im Rahmen des Projektverbundes ALERT („Alltags- und Erlebnisfreizeit") durchgeführten Tiefeninterviews vorgestellt. Abschließend wird diskutiert, welche Folgen die Relevanz gewohnheitsmäßiger Entscheidungen für die weitere Theorieentwicklung und für Maßnahmen zur Beeinflussung der Verkehrsmittelwahl haben.

Summary

This contribution has its focus on the subject as follows: how are habits influencing the choice of transportation mode in leisure-time mobility. This is demonstrated by results of half-structured interviews conducted in the context of the ALERT („Alltags- und Erlebnisfreizeit") project. Finally, consequences are discussed for a model of modal choice and for measures aiming at a change in mobility behaviour.

1   Einleitung

Wenn es um die umwelt- und ressourcenschonendere Gestaltung und Beeinflussung von Freizeitverkehr geht, dann rückt natürlich sofort die Verkehrsmittelwahl ins Zentrum des Interesses. Und zwar in doppelter Hinsicht: Zum einen stellt sich die Frage, welche objektiven, situativen und subjektiven Momente bei der Entscheidung für ein Verkehrsmittel ausschlaggebend sind – hier geht es also um das Verstehen und die Erklärung von Entscheidungsprozessen, die in die Wahl eines bestimmten Verkehrsmittels für Freizeitaktivitäten münden. Zum anderen — und darauf aufbauend — stellt sich dann die Frage, welche Maßnahmen geeignet und erfolgversprechend sind, diese Entscheidungsprozesse im Sinne einer umweltverträglicheren Verkehrsmittelwahl zu beeinflussen.

   Welche Rolle spielt nun die Gewohnheit bei der Verkehrsmittelwahl, wenn man in der Freizeit mobil wird? Um diese Frage beantworten zu können, soll zuerst kurz erläutert werden, was unter Gewohnheit in der Psychologie verstanden wird. Bereits im 19. Jahrhundert hat die Lernpsychologie das „Effektgesetz" (Gesetz des Erfolges) formuliert und ausführlich experimentell untersucht. Dieses Gesetz besagt, dass ein Organismus (Menschen ebenso wie Tiere) dazu tendiert, erfolgreiche Handlungen in vergleichbaren Situationen erneut zu verwenden. Wenn sie weiterhin erfolgreich sind, stabilisieren sich diese Handlungen und werden zu automatisierten Gewohnheiten. Umgekehrt entsteht eine Tendenz zu verändertem Verhalten, wenn die Konsequenzen eines Verhaltens als negativ eingestuft werden. Diese Verwandlung erfolgreicher Handlungen in automatisierte Gewohnheiten ist der Grund dafür, dass einmal entstandene Gewohnheiten nicht von heute auf morgen geändert werden können, ebenso wie sie längere Zeit zu ihrer Verfestigung benötigt haben. Die Rolle von Gewohnheitshandlungen muss hoch eingeschätzt werden. Diese beschränken sich nicht auf motorische Fertigkeiten, auch im sozialen Bereich entwickeln sich Kommunikationsgewohnheiten sowie Denkschemata, die sich für die Lösung bestimmter Aufgaben in der Vergangenheit als nützlich erwiesen haben. Eine Änderung von Gewohnheiten ist ein sehr aufwendiger Prozess. Reine Wissensvermittlung allein hilft dabei nicht, da das neue Zielverhalten über einen längeren Zeitraum geübt und verstärkt werden muss.

In der verkehrspsychologischen Forschung gibt es eine ganze Reihe von Modellvorstellungen und empirischen Untersuchungen, die sich mit der Erklärung der Verkehrsmittelwahl befassen[1]. Zu diesen zählt die Theorie des geplanten Verhaltens, die insbesondere in Bezug auf die Verkehrsmittelwahl — wenn auch nicht spezifisch in der Freizeit — angewendet worden ist. Im Zentrum der klassischen Theorie des geplanten Verhaltens (vgl. AJZEN 1991) steht die Annahme, dass Einstellungen, subjektive Normen und die subjektive Handlungskontrolle (d.h. die subjektive Gewissheit, eine Handlung erfolgreich bewältigen zu können) zu einer Intention bzw. Verhaltensabsicht führen, aus der sich dann das tatsächliche Verhalten ableiten bzw. vorhersagen lässt. Zentrales Bindeglied zwischen tatsächlichem/beobachtbarem Verhalten und den subjektiven Einstellungen und Überzeugungen ist dabei die Verhaltensabsicht als bewusster, planerischer Prozess. Bezieht man dieses Modell auf die Verkehrsmittelwahl — insbesondere in der Freizeit —, dann heißt dies, dass die Entscheidung über das zu nutzende Verkehrsmittel prinzipiell als Ergebnis eines bewusstseinspflichtigen Entscheidungsprozesses gefasst wird. Gewohnheiten, die typischerweise zu Verhalten ohne den Umweg über bewusste Entscheidungen führen, aber auch spontane Entscheidungen bleiben unberücksichtigt.

Ohne Zweifel hat es Weiterentwicklungen dieser Theorie gegeben, bei denen auch die Rolle von Gewohnheiten für das tatsächliche Verhalten in die Modellierung mit einbezogen worden sind. So haben z.B. BAMBERG und BIEN (1995) in ihrer Arbeit zur Erfassung der Nutzerwünsche im öffentlichen Verkehr zusätzlich zur klassischen Form der Theorie des geplanten Verhaltens gewohnheitsmäßiges Handeln mittels der Variable „Nutzungshäufigkeit" aufgenommen und durch die „Häufigkeit der Busbenutzung in den letzten vier Wochen" operationalisiert; tatsächlich erwies sich die Nutzungshäufigkeit als die am höchsten mit der Verhaltensabsicht korrelierte Größe. FORWARD (1994) schließlich hat die Rolle von „habits" für die Verhaltensab-

---

1) Eine problemorientierte Diskussion dieser Untersuchungen und Modelle findet sich im 2. Kapitel des im Rahmen dieses Projekts von uns erstellten Forschungsberichts mit dem Titel „Erklärungsansätze und Handlungskonzepte zur Freizeitmobilität und Beeinflussungsmöglichkeiten"; vgl. FASTENMEIER, GSTALTER & LEHNIG 2001b.

sicht wie das Verhalten selbst in ihr Modell des geplanten Verhaltens integriert. Allerdings wird auch in solchen Weiterentwicklungen als Regelfall das Verhalten aus der Intention, also aus einem bewussten planerischen Prozess abgeleitet; die Einführung der „habits" hat eher den Charakter eines Zusatzes, und spontane Entscheidungen bleiben weiterhin ausgeblendet. GÄRLING et. al (1998) weisen daher bezüglich der Theorie des geplanten Verhaltens zurecht darauf hin, dass die Konsistenz zwischen (Verhaltens-) Absicht und Verhalten nur dann maximal ist, wenn tatsächlich ein geplantes Verhalten vorliegt. Spontane Handlungen und Gewohnheiten, die gerade in der Freizeitmobilität eine Rolle spielen, sind dagegen wesentlich schlechter mit Modellen erklärbar, die sich im wesentlichen auf die Modellierung von Absichten stützen.

Fazit: Bis dato existiert kein Modell, das alle drei Verhaltensformen bzw. -typen (spontanes, gewohnheitsmäßiges und geplantes) gleich gut erklären bzw. vorhersagen kann. Da aber im Kontext der Freizeitmobilität alle drei Verhaltensarten typisch sind, ist es für das Verständnis und die Modellierung von Freizeitmobilität mit entscheidend zu wissen, in welchem Verhältnis spontane, routinierte und geplante Verhaltensweisen stehen und für welche Personengruppen und Aktivitäten sie typisch sind. Stellt sich hierbei heraus, dass die Verkehrsmittelwahl zu einem gewichtigen Anteil routinemäßig erfolgt, dann dürften sich z.B. Informationskampagnen, also reine Wissensvermittlung, als wenig geeignete Hilfsmittel beim „Aufbrechen" solcher automatisierten Gewohnheiten erweisen.

2 Verkehrsmittelwahl und Gründe für die Verkehrsmittelwahl in der Alltags- und Erlebnisfreizeit

Ein wesentliches Anliegen der im Rahmen von ALERT nach dem Stichtagskonzept durchgeführten Tiefeninterviews zur Alltags- und Erlebnisfreizeit[2] (vgl. LEHNIG, GSTALTER & FASTENMEIER 2003) ist es gewesen, die Anteile an spontanen, routinierten und geplanten Verhaltensweisen in der Freizeitmobilität zu ermitteln. In der nachfolgenden Darstellung stehen die Ergebnisse für die *Verkehrsmittelwahl* im Vordergrund. In den Interviews wurden mit mehreren Fragen die Verkehrsmittelwahl für die jeweils berichteten Aktivitäten, die Begründungen für diese Wahl sowie der Charakter dieser Entscheidung (spontan, geplant oder routinemäßig) bzw. deren Automatisierungsgrad thematisiert. Darüber hinaus wurden die Interviewpartner im Personenfragebogen gefragt, ob ihnen in ihrem Haushalt ein Pkw zur Verfügung steht, auf den sie jederzeit zugreifen können; die Antworten zeigen, dass dies für 88,6 % der Befragten zutrifft. Auf die Frage nach den in den letzten 12 Monaten mit dem Pkw zurückgelegten Kilometern gab gut ein Drittel der Interviewpartner an, 20.000 km oder mehr zurückzulegen; der Median für die jährlich zurückgelegte Wegstrecke liegt bei 15.000 km. Verwendet man dieses Maß zur Unterteilung der Pkw-Fahrer in die zwei Teilgruppen „Vielfahrer" (mit einer jährlichen Wegstrecke von über 15.000 km) und „Wenigfahrer" (mit einer jährlichen Wegstrecke unter 15.000 km), dann können 55,6 % der befragten Pkw-Fahrer den „Vielfahrern" und 44,6 % den „Wenigfahrern" zugeordnet werden.

---

2) Letztere Freizeitform wäre eigentlich besser als Wochenendfreizeit gekennzeichnet.

Die Antworten der Interviewpartner zu den von ihnen benutzten Verkehrsmitteln in der Alltags- und Erlebnisfreizeit ergeben ein eindeutiges, wenn auch nicht besonders überraschendes Bild: In beiden Freizeitformen wird, wenn man mobil wird, überwiegend auf einen Pkw zurückgegriffen. Neben dem Pkw sind nur noch öffentliche Verkehrsmittel von Bedeutung; dies gilt insbesondere für den öffentlichen Personennahverkehr (ÖPNV) im Kontext der Alltagsfreizeit[3]. Der Pkw erweist sich somit in der Alltags- und vor allem in der Erlebnisfreizeit als das dominierende Verkehrsmittel und zwar weitgehend unabhängig davon, welche Freizeitaktivitäten jeweils unternommen werden. Nennenswerte aktivitätsspezifische Unterschiede lassen sich in der Alltagsfreizeit nur für zwei Aktivitäten aufzeigen: Zum einen für das Spazieren fahren (bei allerdings geringer Fallzahl): Hier spielt plausiblerweise neben dem Pkw das Motorrad mit einem Anteil von 35 % eine wichtige Rolle. Zum anderen handelt es sich um die Gruppe „kulturelle Aktivitäten" (darunter fallen Kino-, Konzert-, Theater-, Museums-, und Ausstellungsbesuche): Hier werden immerhin in 42,7 % der Fälle auch öffentliche Verkehrsmittel benutzt; letzteres dürfte wohl dem Umstand geschuldet sein, dass die Lokalitäten für derartige Aktivitäten zumindest in den Städten häufig zentral gelegen und daher gut mit öffentlichen Verkehrsmitteln zu erreichen sind. Auch in der Erlebnisfreizeit, in der die Dominanz des Verkehrsmittels Pkw noch deutlicher ausfällt, gibt es nur wenige Hinweise auf aktivitätsspezifische Unterschiede bei der Verkehrsmittelwahl. So wird erneut bei der Aktivität „Spazieren fahren" das Motorrad genauso oft wie der Pkw genutzt und bei „kulturellen" Aktivitäten, bei der Aktivität „Geselligkeit" (d.h. „mit anderen etwas unternehmen, Leute treffen") sowie bei Radtouren wird des öfteren auch auf öffentliche Verkehrsmittel zurückgegriffen; angesichts der jeweils geringen Fallzahl sind diese Ergebnisse allerdings nur bedingt aussagekräftig.

Ein deutlich differenzierteres Bild ergibt sich allerdings für die Alltagsfreizeit, wenn man dort die Verkehrsmittelwahl ins Verhältnis zur regionalen Herkunft[4] und den damit in engem Zusammenhang stehenden Wohnorten der Befragten setzt: Bei sechs der insgesamt 10 Alltags-Freizeitaktivitäten („Freunde/Verwandte zuhause besuchen", „Freunde/Verwandte treffen", „in Restaurant/Kneipe gehen", „kulturelle" Aktivitäten, „Spazieren gehen" sowie „Sport betreiben") fällt in großstädtischen Ballungsräumen die Nutzung öffentlicher Verkehrsmittel zum Teil drastisch höher aus als in den anderen Erhebungsbereichen bzw. Wohngebieten (die Anteile der ÖV-Nutzung in der Großstadt reichen von 22,0 % bei sportlichen Aktivitäten bis 74,5 % bei „kulturellen" Aktivitäten). In diesen Ergebnissen bildet sich somit zum Teil sehr drastisch das Stadt-Land-Gefälle beim Zugang zu öffentlichen Verkehrsmitteln ab. Dagegen lassen sich für die Verkehrsmittelwahl in der Erlebnisfreizeit keine regionalen und/oder wohnortbezogenen Einflüsse nachweisen; einziger statistisch nachweisbarer Einflussfaktor ist hier das auch im Alltag übliche Mobilitätsverhalten:

---

3) Bei diesen Ergebnissen ist allerdings zu berücksichtigen, dass in den Tiefeninterviews nur Freizeitaktivitäten berücksichtigt wurden, für die ein motorisiertes Privatfahrzeug oder öffentliche Verkehrsmittel genutzt wurden. Alle Freizeitaktivitäten, die nur zu Fuß und/oder mit dem Fahrrad unternommen werden, sind somit systematisch ausgeblendet und die Anteile der Nutzung eines Pkw, aber auch von öffentlichen Verkehrsmitteln fallen insgesamt zu hoch aus. Dies zeigen auch die Ergebnisse der von uns durchgeführten bundesweiten Haushaltsbefragung; vgl. FASTENMEIER, GSTALTER & LEHNIG 2001a.

4) Wir haben unsere Interviews mit Befragten aus drei unterschiedlichen Erhebungsbereichen durchgeführt: den Erhebungsbereichen „Großstadt" (Wohnsitz innerhalb der Stadtgrenzen Münchens), „Speckgürtel" (Umland von München mit Wohnsitz im Umkreis von 5 km zur nächsten S-Bahnstation) und „Land" (ländliche Gebiete im Regierungsbezirk Oberbayern ohne entsprechenden Zugang zum S-Bahnnetz).

Interviewpartner, die der Gruppe der „Vielfahrer" angehören, nutzen einen Pkw auch häufiger für einen Ausflug (94,6 %) als Befragte aus der Gruppe der „Wenigfahrer" (83,7 %). Hier zeichnet sich also bereits ab, dass zumindest in der Teilgruppe der „Vielfahrer" in beträchtlichem Umfang bei der Verkehrsmittelwahl auf Gewohnheiten bzw. routinemäßige Handlungsmuster zurückgegriffen wird.

Zur Begründung ihrer Verkehrsmittelwahl wurde den Interviewpartnern eine Liste mit Gründen für die Verkehrsmittelwahl vorgelegt und sie gebeten, für jede von ihnen berichtete Freizeitaktivität anzugeben, welcher Grund bzw. welche Gründe für ihre Verkehrsmittelwahl zutreffend gewesen sind. Tabelle 1 gibt einen Überblick über die Verteilung der Gründe in der Alltags- und Erlebnisfreizeit in Abhängigkeit vom jeweils genutzten Verkehrsmittel[5]; die drei am häufigsten genannten Gründe sind jeweils fett hervorgehoben.

Tab.1: Verkehrsmittelwahl und Gründe für die Verkehrsmittelwahl in Alltags- und Erlebnisfreizeit (%)

Gründe für die Verkehrsmittelwahl	Alltagsfreizeit		Erlebnisfreizeit	
	Pkw	ÖPNV	Pkw	ÖV
schon vorher damit unterwegs	5,2	2,7	1,4	4,3
hat sich bewährt/Gewohnheit	11,9	**19,2**	9,2	12,8
keine andere Möglichkeit	13,3	5,5	11,7	**21,3**
kürzeste Fahrtzeit	**17,1**	**24,2**	**17,2**	12,8
viel Gepäck	6,2	0,9	10,0	0,0
ist bequem	**18,6**	**18,3**	**18,4**	14,9
ist kostengünstig	4,6	13,2	7,0	**21,3**
als Sport/zur Bewegung	0,0	0,0	0,3	2,1
macht Spaß	1,3	1,8	2,3	2,1
um zeitlich unabhängig zu sein	**20,3**	0,9	**20,5**	0,0
andere Gründe	1,6	13,2	2,0	8,5

Es zeigt sich also:
- In der Alltags- wie in der Erlebnisfreizeit erweisen sich die zeitliche Autonomie, Komfort und Fahrtzeit als die bei einer Pkw-Nutzung dominierenden Begründungen.
- Bei den Nutzern des ÖPNV in der Alltagsfreizeit gehören ebenfalls Fahrtzeit und Komfort zu den drei am häufigsten genannten Gründen für ihre Verkehrsmittelwahl — womit den öffentlichen Verkehrsbetrieben ein überraschend gutes Zeugnis ausgestellt wird. Interessanterweise wird in dieser Teilgruppe zudem die Nutzung öffentlicher Verkehrsmittel am zweithäufigsten damit begründet, dass sich dieses

---

5) Hierbei wurden in beiden Freizeitformen nur die Verkehrsmittel berücksichtigt, die sich im Kontext der Interviews als relevant erwiesen haben.

Verhalten bewährt hat bzw. gewohnheitsmäßig erfolgt. Hier existieren also anscheinend auch bei der Nutzung öffentlicher Verkehrsmittel z.T. bereits Routinen.

- Bei der Nutzung öffentlicher Verkehrsmittel in der Erlebnisfreizeit stehen schließlich der (günstige) Preis und die mangelnde Alternative an erster und zweiter Stelle der Gründe für die Wahl dieses Verkehrsmittels; interessanterweise folgt an dritter Stelle erneut der Aspekt des Komforts. Die beiden am häufigsten genannten Gründe könnten nun die Vermutung nahe legen, dass in der Gruppe der ÖV-Nutzer überproportional viele Interviewpartner mit einem geringeren Einkommen vertreten sind und/oder keinem Zugang zu einem Pkw in ihrem Haushalt haben. Während sich ein solcher Zusammenhang bezüglich des monatlichen Pro-Kopf-Einkommens nicht nachweisen lässt, zeigt sich bei der Pkw-Verfügbarkeit im Haushalt, dass tatsächlich signifikant weniger ÖV-Nutzer, nämlich 69,6 %, in ihrem Haushalt auf einen Pkw zurückgreifen können als in der Gesamtstichprobe (88,6 %); zudem sind in dieser Gruppe mit 75 % überproportional viele „Wenigfahrer" vertreten. Die relativ positive Einschätzung des Komforts dieser Verkehrsmittel schließlich ist vermutlich auf die vergleichsweise gute ÖV-Anbindung von Naherholungsgebieten an (groß-) städtische Ballungsgebiete zurückzuführen[6].

Fazit: Dominantes Verkehrsmittel in der Alltags- wie in der Erlebnisfreizeit ist der Pkw. In beiden Freizeitformen finden sich nur wenige Hinweise auf aktivitätsspezifische Unterschiede bei der Verkehrsmittelwahl; in der Alltagsfreizeit erweisen sich die *Regionszugehörigkeit* und der *Wohnort*, in der Erlebnisfreizeit das auch *im Alltag übliche Mobilitätsverhalten* als Einflussfaktoren für die Verkehrsmittelwahl. Begründet wird die Nutzung eines Pkw sowohl in der Alltags- wie in der Erlebnisfreizeit mit der zeitlichen Autonomie, dem Komfort und der kürzesten Fahrzeit. Die letzten beiden Gründe zählen auch bei ÖV-Nutzern in der Alltagsfreizeit zu den „Top Three" an Begründungen; dazu kommt noch die Gewohnheit als häufig genannter Grund in dieser Teilgruppe. Bei Nutzern öffentlicher Verkehrsmittel in der Erlebnisfreizeit zählen der (günstige) Preis, der Mangel an Alternativen sowie erneut der Komfort zu den drei am häufigsten genannten Gründen; diese verhältnismäßig kleine Teilgruppe zeichnet sich durch eine geringere Pkw-Verfügbarkeit im Haushalt, überproportional viele „Wenigfahrer" und ebenfalls überproportional viele Befragte aus einem großstädtischen Ballungsraum aus.

3   Spontane, geplante und gewohnheitsmäßige Entscheidungen bei der Verkehrsmittelwahl in der Alltags- und Erlebnisfreizeit

Bezieht man die Begründungen der Pkw-Nutzer für ihre Verkehrsmittelwahl in beiden Freizeitformen auf das zentrale Thema dieses Beitrages, dann könnte man angesichts der geringen Anzahl an Nennungen für den Grund „hat sich bewährt/ Gewohnheit" vermuten, dass Gewohnheiten bei der Entscheidung für den MIV in der Freizeitmobilität nur in einem verhältnismäßig geringen Umfang eine Rolle spielen

---

6) Als ein solcher Hinweis auf Stadt-Land-Unterschiede bezüglich der ÖV-Anbindung kann auf jeden Fall die Regions- und Wohnortzugehörigkeit von ÖV-Nutzern interpretiert werden: Nahezu zwei Drittel der Befragten dieser Gruppe wohnen im Zentrum oder am Rand einer Großstadt und mehr als 60 % gehören der Regionalgruppe „Großstadt" an.

Abb.1: Automatisierungsgrad von Entscheidungen
        bei Aktivitäten in der Alltagsfreizeit (%)

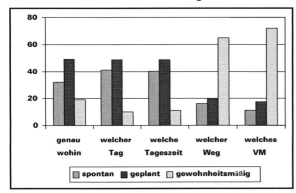

Abb.2: Automatisierungsgrad von Entscheidungen
        bei Aktivitäten in der Erlebnisfreizeit (%)

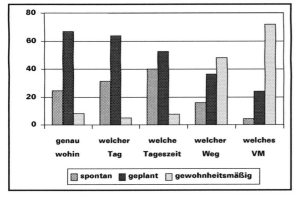

— Beeinflussungsmaßnahmen somit potentiell auf relativ günstige Veränderungsbedingungen stoßen. Die Interviewpartner wurden nun des weiteren gebeten anzugeben, welchen Charakter ihre Entscheidung für das von ihnen benutzte Verkehrsmittel besaß[7]. Die Antworten zeigen (vgl. Abb. 1 und 2), dass die Wahl des zu nutzenden Verkehrsmittels in der Alltags- wie in der Erlebnisfreizeit überwiegend gewohnheitsmäßig erfolgt.

Während in beiden Freizeitformen die Wahl des Zielorts und die Entscheidungen über Tag und Zeitpunkt von Freizeitaktivitäten vorwiegend Gegenstand geplanter oder spontaner Handlungen sind, dominieren bei der Wahl der Route und vor allem bei der Wahl des Verkehrsmittels mit deutlich mehr als 70 % in der Alltagswie in der Erlebnisfreizeit gewohnheitsmäßige Verhaltensweisen. Das deckt sich mit anderen Ergebnissen. So kommt z.B. Lanzendorf (2000) zum Schluss: „Zusammenfassend konnte die große Bedeutung von Routineentscheidungen für die Freizeitmobilität am Wochenende nachgewiesen werden. In besonderem Maße trifft dies für die Verkehrsmittelwahl zu, bei der es sich in den seltensten Fällen um eine Wahlentscheidung handelt. In nur 22 % der Fälle erfolgte die Verkehrsmittelwahl nicht routinisiert" (ebd., S. 223).

Während sich nun in der Alltagsfreizeit keinerlei Einflussfaktoren identifizieren lassen, machen sich beim Automatisierungsgrad der Verkehrsmittelwahl in der Erlebnisfreizeit regionale Unterschiede bemerkbar: Auf dem Land erfolgen die entsprechenden Entscheidungen häufiger gewohnheitsmäßig (86,1 %) als in der

---

7) Die entsprechende Frage lautete:"Was trifft am besten zu: ‚war eine spontane Entscheidung', ‚habe ich mir vorher überlegt' oder ‚habe ich ohne Nachdenken so gemacht, wie ich es immer mache'" Diese Frage wurde den Interviewpartnern für alle fünf Entscheidungsebenen („genau wohin", „welcher Tag", „welche Tageszeit", „auf welchem Weg" und „mit welchem Verkehrsmittel") vorgelegt.

Großstadt und im Speckgürtel (66,0 %; p 0.01); dieser Unterschied zeigt sich auch, wenn man den Automatisierungsgrad der Verkehrsmittelwahl für die einzelnen Aktivitäten untersucht (näheres dazu weiter unten).

Bezieht man nun für beide Freizeitarten den Automatisierungsgrad bei der Verkehrsmittelwahl auf das jeweils benutzte Verkehrsmittel — erneut werden lediglich Pkw und öffentliche Verkehrsmittel berücksichtigt —, dann ergibt sich folgendes Bild (vgl. Tab. 2; die Maxima sind fett hervorgehoben):

Tab.2:   Automatisierungsgrad der Verkehrsmittelwahl in der Alltags- und Erlebnisfreizeit in Abhängigkeit vom jeweils genutzten Verkehrsmittel (%)

Freizeitart	Automatisierungsgrad bei Pkw			Automatisierungsgrad bei ÖPNV/ÖV		
	spontan	geplant	Routine	spontan	geplant	Routine
Alltagsfreizeit	9,7	15,4	**74,9**	13,8	21,1	**65,1**
Erlebnisfreizeit	3,6	18,8	**77,6**	0,0	**68,4**	31,6

Es zeigt sich, dass bei Nutzung eines Pkw die Anteile gewohnheitsmäßiger Entscheidungen bei der Verkehrsmittelwahl in beiden Freizeitarten noch etwas höher ausfallen als bei den verkehrsmittelunabhängigen Darstellungen des Automatisierungsgrads (vgl. Abb. 1 und 2); das gilt insbesondere für die Erlebnisfreizeit, in der — daran sei an dieser Stelle erinnert — bei den Begründungen zur Verkehrsmittelwahl nicht einmal 10 % der Antworten der Pkw-Nutzer auf den Grund „hat sich bewährt/Gewohnheit" entfallen sind. Interessanterweise erfolgt die Entscheidung für den ÖPNV in der Alltagsfreizeit in nahezu zwei Drittel der Fälle ebenfalls gewohnheitsmäßig; auch hier entfällt ein deutlich geringerer Anteil der Begründungen für die Wahl dieses Verkehrsmittels, nämlich knapp 20 %, auf den Grund „hat sich bewährt/Gewohnheit". In auffallendem Kontrast zum Automatisierungsgrad bei einer Pkw-Nutzung in beiden Freizeitformen sowie bei Nutzung des ÖPNV in der Alltagsfreizeit steht der Charakter der Verkehrsmittelwahl in der Erlebnisfreizeit, soweit hier öffentliche Verkehrsmittel benutzt werden: In mehr als zwei Drittel der Fälle handelt es sich hier um geplante Entscheidungen[8]. Dies ist insoweit plausibel, als Wochenendausflüge weniger oft als Aktivitäten in der Alltagsfreizeit unternommen werden, zudem zu weniger häufig frequentierten Zielorten führen und daher die Nutzung öffentlicher Verkehrsmittel einen relativ großen Planungsaufwand (z.B. die Ermittlung von Abfahrt- und Rückfahrzeiten, von Takten, von Knotenpunkten mit Umsteigemöglichkeiten) notwendig macht.

Bezieht man den Automatisierungsgrad der Verkehrsmittel auf die einzelnen Aktivitäten, dann zeigt sich bei der Alltagsfreizeit, dass der Anteil einer gewohnheitsmäßigen Verkehrsmittelwahl bei neun von zehn Aktivitäten zwischen zwei Drittel und deutlich mehr als vier Fünftel schwankt; die gewohnheitsmäßige Verkehrsmittelwahl

---

8)   Allerdings muss hierbei die geringe Fallzahl berücksichtigt werden: n=19.

in der Alltagsfreizeit erfolgt somit weitgehend unabhängig von der jeweils durchgeführten Freizeitaktivität[9]. Für zwei Aktivitäten in der Alltagsfreizeit lassen sich jedoch regionale Einflüsse auf den Automatisierungsgrad der Verkehrsmittelwahl nachweisen:

- Beim Treffen von Freunden oder Verwandten wird im „Speckgürtel" diese Entscheidung häufiger geplant (29,2 %) oder erfolgt spontaner (25,0 %) als in der Großstadt (13,5 % bzw. 8,1 %) und auf dem Land (9,3 % bzw. 7,4 %), während in den beiden letztgenannten Erhebungsbereichen diese Entscheidung überwiegend gewohnheitsmäßig gefällt wird (Land: 83,3 %; Großstadt: 78,4 %; Speckgürtel: 45,8 %).

- Auch beim Sport treiben erfolgt im „Speckgürtel" diese Entscheidung häufiger geplant (22,6 %) und spontan (12,9 %) als in der Großstadt (10,7 % bzw. 2,0 %) und auf dem Land (0,0 % bzw. 3,1 %), während umgekehrt auf dem Land und in der Großstadt gewohnheitsmäßige Entscheidungen überwiegen (96,9 % bzw. 87,7 %); allerdings weist auch im „Speckgürtel" die Verkehrsmittelwahl bei dieser Aktivität mehrheitlich einen Routinecharakter auf (64,5 %).

Prüft man nun für Erlebnisfreizeit, ob sich hier für einzelne Aktivitäten bzw. Ausflugszwecke Unterschiede im Verhältnis von spontanen, geplanten und gewohnheitsmäßigen Entscheidungen bei der Verkehrsmittelwahl finden, dann zeigt sich (vgl. Tab. 3; die Zeilenmaxima sind fett hervorgehoben), dass neben dem „Spazieren fahren" zwei weitere Aktivitäten einen überproportional hohen Anteil an geplanten Entscheidungen aufweisen und zwar die „kulturellen" Aktivitäten und Badeausflüge.

Der hohe Anteil an geplanten Entscheidungen bei „kulturellen" Aktivitäten verdankt sich vermutlich dem Umstand, dass diese vorwiegend in städtischen bzw. großstädtischen Gebieten unternommen werden; daher dreht sich hier die Verkehrsmittelwahl vorwiegend um die Alternative zwischen Pkw und öffentlichen Verkehrsmitteln. Ein Indiz hierfür ist, dass — wie bereits dargelegt — für „kulturelle" Aktivitäten auch in der Alltagsfreizeit vergleichsweise häufig öffentliche Verkehrsmittel genutzt werden; ein weiteres Indiz liefert die Heranziehung der Antworten zu Varianten bei gewohnheitsmäßigen Ausflügen, soweit sie die Verkehrsmittelwahl betreffen (gefragt wurde hier: „Läuft der Ausflug immer gleich ab oder gibt es Varianten?" und u.a. als Item vorgegeben „manchmal anderes Verkehrsmittel und zwar:"): Von den Interviewpartnern, die bei „kulturellen" Aktivitäten die Verkehrsmittelwahl planen, gibt immerhin ein Drittel als variierendes Verkehrsmittel die Bahn an.

Interessanterweise weisen auch Badeausflüge einen relativ hohen Anteil an geplanten Entscheidungen bei der Verkehrsmittelwahl auf, obwohl die Routenwahl überwiegend gewohnheitsmäßig erfolgt. Erneut erweist sich ein Rückgriff auf die Antworten zu Varianten bei gewohnheitsmäßigen Ausflügen als hilfreich: Hier zeigt sich, dass alle Interviewpartner, die bei einem Badeausflug die Verkehrsmittelwahl

---

9) Als einzige Ausnahme erweist sich die Aktivität „Spazieren fahren", bei der zwar ebenfalls die Entscheidungen über das zu nutzende Verkehrsmittel am häufigsten (allerdings mit einem Anteil von deutlich unter 50 %) gewohnheitsmäßig erfolgen; diese Aktivität weist aber auch einen hohen Anteil an spontanen Entscheidungen auf. Für Spazierfahrten, die allerdings mit einer relativ kleinen Fallzahl vertreten sind (n=17), werden ausschließlich motorisierte Privatfahrzeuge und zwar entweder ein Pkw oder ein Motorrad genutzt; der relativ hohe Anteil an spontanen Entscheidungen spiegelt also vermutlich wieder, dass ein Teil unserer Interviewpartner über beide Verkehrsmittel verfügt und sich daher sehr kurzfristig entscheiden kann, welches von beiden für eine Spazierfahrt benutzen werden soll – z.B. in Abhängigkeit von den aktuell gerade herrschenden Witterungsbedingungen.

Tab.3:   Automatisierungsgrad der Verkehrsmittelwahl bei Aktivitäten in der Erlebnisfreizeit (%)

Hauptaktivität	Automatisierungsgrad		
	Spontan	Geplant	Routine
Privater Besuch	0,0	9,7	**90,3**
Kulturelle Aktivität	7,1	**64,3**	28,6
Geselligkeit	5,7	28,6	**65,7**
Badeausflug	12,5	**43,8**	**43,8**
Besuch von Freizeitpark	0,0	8,3	**91,7**
Aktiv Sport treiben	3,0	21,2	**75,8**
Besuch von Sportveranstaltung	20,0	0,0	**80,0**
Spazieren fahren	0,0	**50,0**	50,0
Spazieren gehen	2,7	10,8	**86,5**
Radtour	5,0	25,0	**70,0**

planen, für diese Aktivität auch auf das Rad zurückgreifen — die Planungen drehen sich somit in diesen Fällen um die Alternative Pkw/Rad[10].

Fazit: Die Verkehrsmittelwahl in beiden Freizeitformen kommt überwiegend durch *gewohnheitsmäßige Entscheidungen* und damit ohne Umweg über bewusstseinspflichtige Prozesse zustande. Dies gilt insbesondere bei der Nutzung eines Pkw, aber auch bei Nutzung des ÖPNV in der Alltagsfreizeit. Die Entscheidung für den ÖV in der Erlebnisfreizeit ist hingegen durch ein überwiegend geplantes Verhalten gekennzeichnet; allerdings ist diese Teilgruppe in den Interviews nur mit einer relativ kleinen Fallzahl vertreten. Kontrastiert man die Anteile an gewohnheitsmäßigen Entscheidungen bei der Verkehrsmittelwahl mit den Anteilen an Nennungen für den Grund „hat sich bewährt/Gewohnheit", dann ergeben sich durchgehend und zum Teil sehr drastische quantitative Differenzen zwischen routinemäßigen Handlungsweisen und deren bewusster Äußerung bzw. Reflektion. Daraus folgt, dass die angeführten „Gründe" für die Wahl des jeweils genutzten Verkehrsmittels nicht Resultat eines bewusstseinspflichtigen Planungs- und Entscheidungsprozesses sind, sondern mit diesen vielmehr nur die positiven Konsequenzen, die subjektiv erfahrenen „Belohnungen" wiedergegeben werden, die zu diesem gewohnheitsmäßigen Verhalten bei der Verkehrsmittelwahl geführt haben und/oder das eigene gewohnheitsmäßige Handeln subjektiv-rational gerechtfertigt wird. Es stellt sich somit die Frage, welchen Zuwachs an Erkenntnissen der Einsatz solcher Listen mit Gründen zur Verkehrsmittelwahl in der Forschung überhaupt zu erbringen vermag.

---

10) Natürlich ist auch bei diesen beiden Aktivitäten die geringe Fallzahl zu berücksichtigen; die hier dargelegten Zusammenhänge zwischen Aktivität und Verkehrsmittelwahl können insofern als aus der Empirie gewonnene Hypothesen verstanden werden, die einer weiteren Verifizierung/Falsifizierung bedürfen.

4   Zusammenfassende Schlussfolgerungen

Es hat sich gezeigt, dass der Pkw sowohl in der Alltags- als auch in der Erlebnis- bzw. Wochenendfreizeit das dominierende Verkehrsmittel ist, obwohl der Pkw — wie die repräsentativen Ergebnisse der im Rahmen von ALERT durchgeführten bundes- weiten Haushaltsbefragung und Regionalbefragungen zeigen (vgl. FASTENMEIER, GSTALTER & LEHNIG 2001a; LEHNIG, GSTALTER & FASTENMEIER 2003) — mit Freizeit und Freizeitmobilität gar nicht positiv assoziiert wird. Auch wenn die Entscheidung für den Pkw vor allem mit Gesichtspunkten des Komforts, der zeitlichen Autonomie und der kürzesten Fahrtzeit begründet wird, erfolgt in beiden Freizeitformen die Wahl des Pkw überwiegend gewohnheitsmäßig; die angeführten „Gründe" für die Ver- kehrsmittelwahl sind daher eher als Indikatoren für „Belohnungen" bzw. positive Verstärker zu verstehen, die gewohnheitsmäßiges Verhalten bei der Verkehrsmittel- wahl hervorgebracht und stabilisiert haben.

Entscheidungen für den MIV als Verkehrsmittel im Sinne eines geplanten Verhal- tens stellen somit eher die *Ausnahme* als die Regel dar. Für die Modellierung der Ver- kehrsmittelwahl in der Freizeitmobilität erweist sich daher die Theorie des geplan- ten Verhaltens nur in beschränktem Umfang als tauglich; Ergänzungen dieser Theo- rie durch den Zusatz von „habits" werden dem überwiegend gewohnheitsmäßigen Charakter der Verkehrsmittelwahl bei Freizeitaktivitäten nicht gerecht. Es bedarf hierfür vielmehr eines Modells, das den Rückgriff auf bewährte und automatisierte Handlungsmuster in das Zentrum von Entscheidungsprozessen stellt und die Ergeb- nisse der Lernpsychologie zur Herausbildung und Stabilisierung von Gewohnheiten berücksichtigt.

Anhand eines sehr vereinfachten Modells (vgl. Abb. 3) soll gezeigt werden, wel- che zentralen Fragen bezüglich der Gewohnheitsbildung bei der Verkehrsmittelwahl in der Freizeit beantworten müssten:

Abb.3:   Gewohnheitsmäßige Verkehrsmittelwahl in der Freizeitmobilität

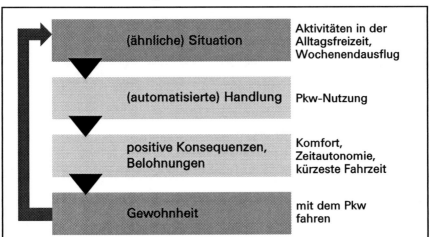

- Was sind die Merkmale von Situationen, die zu gewohnheitsmäßigem Handeln führen? Wie ähnlich sind sich Situationen, dass sie als „Auslöser" für die gleiche Gewohnheit fungieren? Und welche Situationsdifferenzen führen dazu, dass gewohnheitsmäßiges Verhalten negative Konsequenzen zur Folge hat?
- Welcher Art sind die positiven Konsequenzen, die als „Belohnungen" zur Herausbildung und Stabilisierung von Gewohnheiten führen? In welchem Verhältnis stehen sie zu den Situationen und wie interagieren sie mit diesen?
- Beziehen sich Gewohnheiten auf allgemeine Nutzungspräferenzen oder sind sie eher situationsabhängig?

Beeinflussungsmaßnahmen bezüglich der Verkehrsmittelwahl bei Freizeitaktivitäten müssen scheitern, wenn sie den hohen Anteil an gewohnheitsmäßigen Entscheidungen ignorieren. Aufgrund dieses Kennzeichens der Verkehrsmittelwahl plädiert LANZENDORF (2002) dafür, diese Gewohnheiten zu „knacken". Angesichts der Zählebigkeit von Gewohnheiten, insbesondere ihrer Informationsresistenz, bietet sich womöglich als einfachere Vorgehensweise an, solche Freizeitaktivitäten ausfindig zu machen, bei denen die Entscheidungen bezüglich der Verkehrsmittelwahl noch nicht hoch automatisiert sind. Eine gute Illustration dieser Vorgehensweise — die Identifizierung von Aktivitäten, bei denen der Entscheidungsprozess noch nicht in all seinen Gliedern hoch automatisiert ist — bildet die Arbeit von RÖLLE (2002), in der ein Versuch beschrieben wird, die (Freizeit-)Mobilität von Personen kurz nach einem Wohnungswechsel zu verändern, weil in einer solchen Phase *Gewohnheiten noch nicht entstehen* oder sich verfestigen konnten. Diese Vorgehensweise soll kurz anhand eines Ergebnisses aus den Tiefeninterviews skizziert werden.

Wie dargestellt beträgt der gewohnheitsmäßige Anteil an Entscheidungen bei der Verkehrsmittelwahl in der Erlebnisfreizeit über alle Aktivitäten mehr als 70 %. Dagegen zeigt sich bei „kulturellen" Aktivitäten in dieser Freizeitform nicht nur ein durchgehend geringerer Automatisierungsgrad von Entscheidungsprozessen, auch der Gewohnheitsanteil bei der Verkehrsmittelwahl fällt mit knapp 30 % nicht einmal halb so groß aus wie der eben genannte Durchschnittswert. Geht man nun der Frage nach, welches Verkehrsmittel für diese Aktivität genutzt worden ist, dann zeigt sich, dass hierfür 85,7 % der in Frage kommenden Interviewpartner auf den Pkw und 14,3 % auf öffentliche Verkehrsmittel zurückgegriffen haben. Angesichts des geringen Automatisierungsgrads des Entscheidungsprozesses inklusive der Verkehrsmittelwahl bei dieser Aktivität stellt diese somit einen geeigneten Ansatzpunkt für Maßnahmen dar, die auf ein geändertes Mobilitätsverhalten abzielen. Als günstige Voraussetzung könnte sich hierbei der Umstand erweisen, dass die Hälfte der Befragten dieser (in den Interviews allerdings nur mit einer relativ kleinen Anzahl vertretenden) Teilgruppe sich nicht als gewohnheitsmäßiger Pkw-Nutzer, sondern als ÖV-Nutzer einstuft. Weitere Kennzeichen dieser potentiellen Zielgruppe wären den (allerdings nicht repräsentativen) Daten zufolge ein Wohnsitz im Erhebungsbereich „Speckgürtel", ein Alter von 36 Jahre oder älter und ein mittlerer oder höherer Schulabschluss.

Die Ergebnisse der Interviews haben allerdings auch eine ganze Reihe von Hinweisen auf ein Stadt-Land-Gefälle beim Zugang zu öffentlichen Verkehrsmitteln gegeben. Sind öffentliche Verkehrsmittel nur schwer oder gar nicht zugänglich, dann werden — angesichts der damit gegebenen Alternativlosigkeit des Pkw als einzig verfügbares Verkehrsmittel im Alltag wie in der Freizeit — selbst ausgeklügelte und zielgruppenspezifische Beeinflussungsmaßnahmen an der Entscheidung für ein motorisiertes Privatfahrzeug nichts ändern.

Literatur

AJZEN, Icek (1991): The Theory of Planned Behaviour. In: Organizational Behaviour and Human Decision Processes 50, S. 179-211

BAMBERG, Sebastian & Walter BIEN (1995): Angebot (des ÖV) nach Wunsch (des MIV-Nutzers). In: Internationales Verkehrswesen 47, S. 108-115

FASTENMEIER, Wolfgang, Herbert GSTALTER & Ulf LEHNIG (2001a): Subjektiver Freizeitbegriff und Mobilitätsmuster. Ergebnisse einer bundesweiten Haushaltsbefragung München (= Berichte aus dem Institut mensch-verkehr-umwelt, 1)

FASTENMEIER, Wolfgang, Herbert GSTALTER & Ulf LEHNIG (2001b): Erklärungsansätze zur Freizeitmobilität und Konzepte zu deren Beeinflussung. München (= Berichte aus dem Institut mensch-verkehr-umwelt, 2).

FORWARD, Sonja (1994): Theoretical Models of Attitudes and the Prediction of Drivers' Behaviour. Report 434 from the Department of Psychology, Uppsala University, Sweden

GÄRLING, Tommy, Robert GILLHOLM & Anita GÄRLING (1998): Reintroducing Attitude Theory in Travel Behaviour Research. In: Transportation 25, S. 129-146.

LANZENDORF, Martin (2000): Freizeitmobilität. Unterwegs in Sachen sozial-ökologischer Mobilitätsforschung. Trier (= Materialien zur Fremdenverkehrsgeographie, 56)

LANZENDORF, Martin (2002): Freizeitmobilität verstehen? Eine sozial-ökologische Fallstudie in vier Kölner Stadtvierteln. In: GATHER, Matthias & Andreas KAGERMEIER (Hrsg.), Freizeitverkehr. Hintergründe, Probleme, Perspektiven. Mannheim 2002, S. 13-34 (= Studien zur Mobilitäts- und Verkehrsforschung, 1)

LEHNIG, Ulf, Wolfgang FASTENMEIER & Herbert GSTALTER (2003): Tiefeninterviews zur Alltags- und Erlebnisfreizeit: Dokumentation der Ergebnisse. München (Berichte aus dem Institut mensch-verkehr-umwelt, 3)

LEHNIG, Ulf, Herbert GSTALTER & Wolfgang FASTENMEIER (2003): Aktivitätsmuster in der Freizeitmobilität: Ergebnisse einer Befragung mit Mobilitätstagebüchern. München (*Manuskript)*

RÖLLE, Daniel (2002). Wo ein Wille ist, ist auch ein Weg!? – Freizeitmobilität vor und nach einem Wohnungsumzug. Aachen In: BECKMANN, Klaus J. (Hrsg.): Tagungsband zum 3. Aachener Kolloquium Mobilität und Stadt. RWTH Aachen: Institut für Stadtbauwesen. Aachen, S. 133-139 (= Stadt Region Land, 73)

„Thrill und Fun" oder „immer die gleiche Leier"?
Freizeitmobilität und Routinen[1)]

Martin Lanzendorf (Utrecht)

Zusammenfassung

Die Bedeutung von Routinen für alltägliche Aktivitäten und das individuelle Verkehrshandeln scheint weithin unbestritten. Trotzdem werden im Freizeitverkehr häufig sowohl die Aktivitäten wie auch das Verkehrshandeln als spontan und ungeplant
beschrieben und deshalb auch keine Routinen erwartet. In diesem Beitrag wird der
individuelle Entscheidungsprozess für Freizeitverkehr mit empirischen Daten aus
einem Kölner Fallbeispiel näher untersucht. Die Daten zeigen, dass Routinen für die
Verkehrsmittelentscheidungen in der Freizeit eine überragende Rolle spielen und auch
noch für die Aktivitäts- und Zielortentscheidungen von Bedeutung sind. Des Weiteren
zeigt sich, dass die häufig in Modellen zur Verkehrsnachfrage angenommene Ent-
scheidungsreihenfolge mit zuerst Aktivitäts-, danach Zielort- und schließlich Verkehrsmittelentscheidung zwar am häufigsten für Verkehr zu Freizeit-Infrastruktur ist,
nicht jedoch für den Freizeitverkehr insgesamt. Meistens, am häufigsten für Soziale
Kontakte, wird über Aktivität und Zielort zugleich entschieden und anschließend über
das Verkehrsmittel. Ein dritter Typ des Entscheidungsverlaufs ist für Unterwegssein als
Selbstzweck in der Freizeit häufig: zunächst wird gleichzeitig über Aktivität und
Verkehrsmittel entschieden, danach über den Zielort. Wie die Ergebnisse zeigen, konzentrieren sich Forschung und Politik bisher zu sehr alleine auf Freizeit-Infrastruktur
um nachhaltige Freizeitmobilität zu fördern und vernachlässigen ergänzende Strategien für Soziale Kontakte und für das Unterwegssein als Selbstzweck.

Summary

The importance of routines for individual's daily activity and travel decisions
seems widely acknowledged. However, for leisure travel the general knowledge sug-
gests that both activity and travel decisions are frequently spontaneous, unplanned
and, therefore, not routines. This paper analyses the decision-making for leisure travel with empirical data from a case study in Cologne. The data set shows that for leisure travel routines play a major role for mode decisions and still an important role
for activity and destination choices. Moreover, the frequently in travel demand
models supposed decision order with first an activity, second a destination and third
a mode decision is not the most important one for leisure travel in total although this

1) Gefördert im Promotions-Stipendienprogramm der Deutschen Bundesstiftung Umwelt, Osnabrück, sowie vom Wuppertal Institut für Klima, Umwelt, Energie, Wuppertal. Vgl. auch LANZENDORF (2001).

is the case for leisure facilities. In most cases and in particular for social contacts, the activity and the destination are chosen simultaneously and the mode afterwards. A third type of decision-making is frequently related with driving or walking around as an activity on its own: first simultaneously the activity and mode and thereafter the destination choice. Yet, for promoting more sustainable leisure travel, researchers and policymakers focus too much on leisure facilities and neglect distinct strategies for social contacts and for ‚driving or walking for the fun of it'.

1 Einleitung

Die Erforschung von Freizeitmobilität ist im vergangenen Jahrzehnt in den Blickpunkt der Verkehrs- und Mobilitätsforschung gerückt, nachdem zuvor Politik, Planung oder Wissenschaft nur ein untergeordnetes Interesse daran hatten. Das Verstehen und Erklären von Freizeitmobilität sowie das Aufzeigen von Optionen zu ihrer nachhaltigen Gestaltung stehen seitdem auf der Agenda wissenschaftlicher Bemühungen.

Nachfolgend wird die Rolle individueller Entscheidungsrationalitäten und die Bedeutung von Routinen für die Entstehung von Freizeitmobilität am Wochenende thematisiert. Bereits HERZ (1979) und BECKMANN (1988) verwiesen auf die entlastende Wirkung von Routinen für das Verkehrshandeln. Anstatt in jeder Situation neu über Handlungsalternativen nachzudenken, aktivieren Individuen in sich wiederholenden Situationen bewährte Handlungen oder Handlungsschemata. Routinen dienen damit der Entlastung von aufwendigen täglichen Entscheidungsprozessen (KRÄMER-BADONI und WILKE 1997), die Verkehrsmittelentscheidung ist in ein Geflecht solcher alltäglicher Routinen und Arrangements eingebettet (KNIE 1997). Empirisch belegt wird der entscheidende Einfluss von Routinen – oder Habits wie es oft synonym heißt – von BAMBERG (1996) für die Pkw-Nutzung von Studierenden auf Hochschulwegen sowie von VERPLANKEN et al. (1998) oder AARTS und DIJSTERHUIS (2000) mit Feldexperimenten. Um vertiefende Erkenntnisse zum Verändern oder gar „Aufbrechen" von Routinen zu gewinnen, wird in verschiedenen Publikationen weiterer Erkenntnisbedarf postuliert (z.B. WEHLING und JAHN 1998 oder HAUTZINGER et al. 1997).

Allerdings ist die generelle Bedeutung von Routinen für das Verkehrshandeln nicht unumstritten. So wird gerade für Freizeitmobilität häufig auf den spontanen Charakter, ungeplante Entscheidungen und den Wunsch Neues zu erleben hingewiesen (so argumentieren etwa HEINZE und KILL 1997). Insofern bleibt unklar, ob Routinen im Freizeitverkehr eine ähnlich bedeutende Rolle wie z.B. für den Berufs- oder Ausbildungsverkehr spielen. Dieser Frage wird in dem vorliegenden Beitrag nachgegangen. Des Weiteren werden neben der Verkehrsmittel- auch die für die Verkehrsentstehung relevanten Aktivitäts- und Zielortentscheidungen betrachtet. Es wird der Frage nachgegangen, welche Bedeutung Routinen für jede dieser Teilentscheidungen haben und wie die Teilentscheidungen im Entscheidungsverlauf zeitlich angeordnet sind. Hinterfragt wird die in der klassischen Verkehrsmodellierung angenommene Abfolge von zunächst einer Aktivitäts-, dann einer Zielort- und schließlich einer Verkehrsmittelentscheidung. Auch wird gefragt, ob sich die Entscheidungsverläufe in Abhängigkeit von der Freizeitaktivität bzw. dem Reisezweck unterscheiden. Schließlich werden die Konsequenzen aus den gewonnen Erkenntnissen für die Gestaltung einer nachhaltigen Freizeitmobilität durch Politik und Planung hinterfragt.

Zur empirischen Untersuchung der Forschungsfragen wird im nächsten Abschnitt ein handlungstheoretisches Erklärungsmodell eingeführt, das Anforderungen einer sozial-ökologischen Mobilitätsforschung erfüllt. In Abschnitt drei werden die empirische Vorgehensweise und die Datengrundlage erläutert.

Danach werden in Abschnitt vier die Bedeutung von Routinen für das Verkehrshandeln in der Freizeit sowie die Entscheidungsverläufe in Abhängigkeit von den Teilentscheidungen zu Aktivität, Zielort und Verkehrsmittel diskutiert. Abschnitt fünf zieht Konsequenzen aus dem vorhergehenden Abschnitt für Möglichkeiten der Gestaltung einer nachhaltigen Freizeitmobilität. Der Beitrag endet mit einer zusammenfassenden Schlussbemerkung.

2 Theoretischer Hintergrund

Die empirische Untersuchung von Routinen und Entscheidungsverläufen des Verkehrshandelns in der Freizeit erfolgt vor dem Hintergrund einer sozial-ökologischen Mobilitätsforschung. Diese zielt darauf ab, die sozialen Entstehungsursachen sowie die ökologischen Folgen von Verkehr und Mobilität zu erforschen, um auf die Entstehungskontexte gestaltend einzuwirken. Als Elemente für eine handlungstheoretisch fundierte Erklärung des Verkehrshandelns sind aus der Sicht der sozial-ökologischen Mobilitätsforschung folgende fünf Elemente wesentlich: erstens Transdisziplinarität, zweitens der Einbezug von Alltagshandeln inklusive Ziel- und Aktivitätsentscheidungen, drittens Routinen, kulturelle Orientierungen und Lebensstile, viertens Handlungskontexte und -zwänge sowie fünftens Langfrist-Entscheidungen (vgl. WEHLING und JAHN 1998, LANZENDORF 2001).

Im Folgenden wird ein allgemeines Entscheidungsmodell für das Verkehrshandeln aus der Rational-Choice-Theorie abgeleitet (vgl. ESSER 1991, LÜDTKE 1995, KUNZ 1997), welches die wesentlichen Forderungen der sozial-ökologischen Mobilitätsforschung erfüllt (vgl. Abb. 1). Kernvorstellung dieses Modells ist nach der Subjective Expected Utility (SEU) -Theorie ein RREEM-Akteur, d.h. die Entscheidungen eines Handelnden sind

- Restricted (beschränkt hinsichtlich seiner Möglichkeit Informationen und Alternativen wahrzunehmen),
- Resourceful (findig auch neue Lösungen zu finden und nicht nur eine Rolle zu erfüllen),
- Expecting (möglichen Handlungsalternativen werden Werte auf der Grundlage unvollständiger Information und subjektiver Präferenzen zugeordnet),
- Evaluating (die Alternativen werden nach dem jeweils erwarteten Nutzen bewertet) und
- Maximizing (die Alternative mit dem größten subjektiven Nutzen wird gewählt).

Sind die subjektiven Kosten für die weitere Informationsbeschaffung zur Entscheidungsfindung zu hoch, wird eine Handlungsalternative gewählt, die zur Erfüllung des Handlungsziels zumindest befriedigend ist (Prinzip des Satisficing).

Abb. 1: Allgemeines Erklärungsmodell zum Verkehrshandeln in der Freizeit

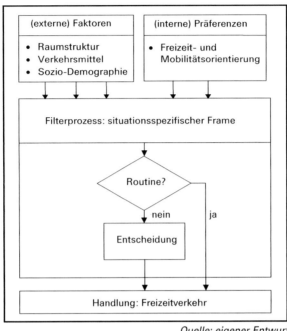

Quelle: eigener Entwurf

Uber dieses grundlegende RREEM-Verständnis hinaus, werden zwei Filterprozes-
se – Routinen und Frames – in das Entscheidungsmodell eingeführt, welche eine
wesentliche Vereinfachung der Situation für den Akteur erlauben. Routinen können
als *„ganze Komplexe bzw. Bündel von Handlungen bzw. Handlungssequenzen verstanden
werden, die der Akteur nach Maßgabe bestimmter Situationshinweise 'insgesamt' wählt:
Handeln nach Daumenregeln, Routinen, Rezepten ohne nähere Nachprüfung"* (ESSER
1991: 64-65). Um Routinen zu integrieren, wird die SEU-Theorie zu einem zweistufigen Entscheidungsprozess modifiziert (vgl. Abb. 1). In der ersten Stufe wird zunächst entschieden, ob eine Handlungsroutine existiert, die die situationsspezifi-
schen Handlungsziele erfüllt. Ist das nicht der Fall, wird eine zweite Stufe notwendig
in der die komplexe Entscheidung zwischen Alternativen nach dem SEU-Modell
fällt. Routinen reduzieren somit den Aufwand, der zur Bewertung und Auswahl von
Alternativen in einer Situation notwendig ist (ESSER 1991).

Der zweite Filterprozess im hier betrachteten Entscheidungsmodell erfolgt durch
Frames. Ein Frame stellt „ *... ein übergeordnetes Ziel der Entscheidung dar, das der Entscheidung vorangeht und die Entscheidung beeinflusst"* (FRIEDRICHS et al. 1994: 34).
Frames sind kognitive Strukturen, welche die Entscheidungsvielfalt in einer Situation durch die Einschränkung der Ziele reduzieren. So kann z.B. der Wunsch, etwas
gemeinsam mit der Familie zu unternehmen, ein Frame für die Freizeitentschei-

dungen am Wochenende sein. Mit dem Vorhandensein eines Frames wird die Bewertung von Handlungsalternativen durch die Einschränkung der Ziele und damit auch die Auswahl der Alternativen beeinflusst. Frames vereinfachen damit die Struktur der Handlungsziele, während Routinen die Struktur der Mittel, d.h. die Zahl der wahrgenommenen Handlungsalternativen, vereinfachen (ESSER 1991).

Neben den Annahmen zur Struktur des Entscheidungsprozesses, also zum RREEM-Akteur sowie zu Filterprozessen mittels Routinen und Frames, werden externe Einflüsse wie räumliche Strukturen, die Verfügbarkeit von Verkehrsmitteln oder sozio-demographische Faktoren sowie interne Präferenzen in der Form von Freizeit- und Mobilitätsorientierungen in das Entscheidungsmodell aufgenommen. Die Einflussfaktoren werden in den nachfolgenden Abschnitten jedoch nicht näher betrachtet und deshalb hier nicht weiter erläutert (vgl. LANZENDORF 2001 zu Details).

Um die Betrachtung verschiedener Aspekte des Verkehrshandelns gemäß den Forderungen einer sozial-ökologischen Mobilitätsforschung zu ermöglichen, werden die drei Teilentscheidungen zu (Freizeit-) Aktivität, Ort sowie Verkehrsmittel explizit in das Entscheidungsmodell aufgenommen (vgl. Abb. 2). Das Modell lässt die zeitliche Abfolge der drei Teilentscheidungen zunächst einmal offen für die empirische Untersuchung. Die Ergebnisse hierzu werden in Abschnitt vier diskutiert. Im nachfolgenden Abschnitt drei wird zunächst kurz die Datengrundlage beschrieben.

Abb. 2: Spezielles Erklärungsmodell zum Verkehrshandeln in der Freizeit

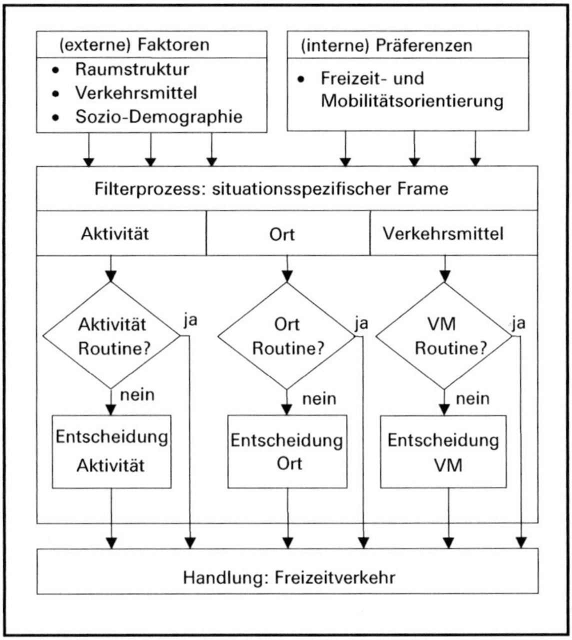

Quelle: eigener Entwurf

3   Methode und Daten

Die Untersuchung des individuellen Entscheidungsprozesses zum Verkehrshandeln in der Freizeit war Bestandteil einer Befragung zur Freizeitmobilität am Wochenende im Frühjahr 1997 in vier Kölner Stadtvierteln. Insgesamt wurden 949 Personen deutscher Nationalität ab 18 Jahren nach vorheriger schriftlicher Ankündigung Face-to-Face befragt. Die Ausschöpfung der ursprünglichen Stichprobe lag bei 46 %.

Neben standardisierten Fragen wurden Wegeprotokolle am vorhergehenden Wochenende sowie am letzten Werktag vor dem Interview erfasst. Weiterhin wurden mit etwa einem Drittel der Befragten leitfadengestützte Interviews geführt, welche der Analyse des individuellen Entscheidungsprozesses für Wochenendreisen dienten. In der Regel dauerten diese Interviewteile fünf bis zehn Minuten, wurden auf Kassette mitgeschnitten und bei der Auswertung mittels eines Auswertungsschemas kodiert. In den nachfolgenden Abschnitten wird hauptsächlich auf diesen Befragungsteil Bezug genommen, wofür die Angaben von 308 Personen mit 430 Entscheidungssituationen Verwendung fanden.

Die Befragungsviertel in Köln sind alle mit mindestens einer Schienenverbindung an das Öffentliche Verkehrssystem angeschlossen, so dass die Befragten bei ihrem Verkehrshandeln in der Regel zumindest eine Alternative zum privaten Pkw als Verkehrsmittel haben. Unterschiedlich zwischen den Befragungsvierteln sind die Bebauung, die Entfernung zur Innenstadt sowie die Erreichbarkeit von Freizeit- und anderen Einrichtungen, worauf nachfolgend jedoch nicht weiter eingegangen wird (ausführlicher in LANZENDORF 2001).

Tab. 1: Verkehrsmittel auf Freizeitreisen am Wochenende nach Zweck in vier Kölner Befragungsvierteln 1997

	Freizeit-Infra-struktur	Freizeit-Infra-struktur & Soziale Kontakte	Soziale Kontakte	Natur	Fort-bewegung	Freizeit-reisen Gesamt
zu Fuß	36%	28%	21%	53%	54%	37%
Fahrrad	10%	7%	7%	11%	25%	10%
Bus, Bahn	15%	10%	12%	6%	4%	10%
MIV, mitfahrend	12%	16%	13%	10%	1%	12%
MIV, fahrend	23%	33%	43%	18%	11%	27%
Sonstige	4%	5%	3%	3%	4%	4%
Gesamt	100%	100%	100%	100%	100%	100%

Quelle: eigener Entwurf

Im Gegensatz zu den meisten Publikationen der Verkehrsforschung beruht die vorliegende Auswertung nicht auf einem Wege- sondern auf einem Reisekonzept. Als Weg wird in der Verkehrsforschung die Strecke bezeichnet, die zur Durchführung einer Aktivität zurückgelegt wird, als Reise hingegen die Gesamtheit aller Wege, die vom Verlassen von zu Hause bis zur Rückkehr zurückgelegt werden. Eine Reise setzt sich demnach in der Regel aus mehreren Wegen zusammen und wird meistens mit einem Heimweg abgeschlossen. Im Gegensatz zu Wegen ermöglichen Reisen die Analyse des Verkehrshandelns im Kontext vor- und nachgelagerter Aktivitäten, also insbesondere auch die Kopplung von verschiedenen Aktivitäten auf einer Reise. In diesem Sinne ermöglichen Reisen eine ganzheitlichere Betrachtung des Verkehrshandelns. Für Freizeitreisen wurde aus den Wegeprotokollen eine Unterteilung in fünf Freizeitzwecke abgeleitet, welche jeweils quantitativ bedeutsam und zugleich intern homogener hinsichtlich der zeit-räumlichen Verteilungen und der zugrundliegenden Zwecke sind als die Freizeitreisen als Ganzes: Freizeit-Infrastruktur, Soziale Kontakte, die Kombination von Freizeit-Infrastruktur mit Sozialen Kontakten, Natur sowie Fortbewegung als Selbstzweck (zur Ableitung der Reisezwecke und zur ausführlichen Definition vgl. LANZENDORF 2001). So zeigen sich etwa für die genutzten Verkehrsmittel erhebliche Unterschiede zwischen diesen Reisezwecken (vgl. Tab. 1).

4   Routinen und Entscheidungsabläufe

Zur Untersuchung des Verkehrshandelns in der Freizeit und der zugrundeliegenden individuellen Entscheidungen werden in diesem Abschnitt zunächst die Bedeutung von Routinen und anschließend der Entscheidungsverlauf näher untersucht.

4.1 Routinen

Werden unter Routinen solche Teilentscheidungen verstanden, bei denen im Interview explizit der Hinweis auf routiniertes Handeln erfolgte oder die fast immer in der gleichen Weise durchgeführt werden, so sind mehr als drei Viertel der Verkehrsmittel- und jeweils etwa ein Drittel der Aktivitäts- und Ortsentscheidungen Routinen (vgl. Tab. 2). Demnach bestätigt sich also die Vermutung, dass Routinen und insbesondere Verkehrsmittelroutinen eine zentrale Rolle beim Verkehrshandeln spielen – auch in der Freizeit. Insofern ist die häufig verwendete Terminologie „Verkehrsmittelwahl" irreführend, suggeriert sie doch eine bewusste Auswahlentscheidung und keine unreflektierte Routineausübung – zumal der Anteil von Verkehrsmittelroutinen bei vielen alltäglichen Wegen wie z.b. zum Beruf oder zur Ausbildung im Vergleich zur Freizeit eine noch wichtigere Rolle spielen dürfte.

Auch stellt sich die Frage, inwiefern das in zahlreichen Experimenten unterstellte Auswahlverhalten, z.B. bei Stated Preferences-Befragungen zur Bewertung von Nutzungseigenschaften zweier Verkehrsmittel wie Pkw und Bus/Bahn, ohne die Berücksichtigung von Handlungsroutinen überhaupt aussagekräftig ist (vgl. auch BAMBERG 1996), d.h. ob Veränderungen der Nutzungsattribute auch tatsächlich Verhaltensänderungen nach sich ziehen, wenn dafür Handlungsroutinen verändert werden müssen. Da die Verkehrsmittelnutzungen in ein kompliziertes Geflecht alltäglicher Entscheidungen eingebettet sind, deren Komplexität durch die Nutzung von

Tab. 2: Bedeutung von Routinen in den Teilentscheidungen zu Aktivität, Ort und Verkehrsmittel

| | Entscheidungssituationen | | |
	Aktivität	Ort	Verkehrsmittel
	N=430	N=169	N=346
Routine	31%	35%	78%
keine Routine	67%	41%	16%
k.A.	2%	24%	7%
Gesamt	100%	100%	100%

Quelle: eigener Entwurf

Routinen reduziert wird, ist es keinesfalls naheliegend, dass solche Entscheidungen durch Angebotsveränderungen revidiert werden, allein schon weil das ständige Abwägen von Entscheidungsalternativen individuell oftmals als ein unnötiger Aufwand empfunden wird.

Des Weiteren zeigt sich, dass Aktivitäts- und Ortsentscheidungen relativ zu Verkehrsmittelentscheidungen wesentlich seltener routiniert fallen, was aufgrund der größeren Anzahl theoretisch verfügbarer Handlungsalternativen erwartet werden kann. So bleibt die Zahl der für eine Reise theoretisch verfügbaren Verkehrsmittel auf Wenige beschränkt, während die Zahl der Freizeitaktivitäten – je nach dem Detaillierungsgrad der Betrachtungsweise – eine wesentlich größere ist. Auch die Anzahl der erreichbaren Zielorte für Freizeitaktivitäten ist theoretisch sehr groß – allerdings wird deren Umfang in der Praxis sowohl durch die Anzahl der Gelegenheiten mit entsprechenden Freizeitmöglichkeiten als auch durch deren Erreichbarkeit mit verschiedenen Verkehrsmitteln reduziert.

Die geringere Bedeutung von Routinen bei Aktivitäts- und Zielortentscheidungen bedeutet jedoch nicht notwendig, dass dafür vorrangig echte Wahlentscheidungen fallen. Bei 41 % aller Aktivitätsentscheidungen werden Frames als Filter genannt, welche den Entscheidungsprozess vereinfachen, so dass in lediglich 42 % der Aktivitätsentscheidungen weder Frames noch Routinen genannt werden.

4.2   Entscheidungsverläufe

Im Folgenden wird der Frage nachgegangen, inwiefern die Teilentscheidungen zu Freizeitaktivität, Zielort und Verkehrsmittel unabhängig voneinander und in welcher zeitlichen Reihenfolge sie fallen. Im Ergebnis zeigt sich – möglicherweise auch durch die Methode bedingt –, dass zunächst immer eine Aktivitätsentscheidung fällt, eventuell zugleich mit einer Zielort- oder Verkehrsmittelentscheidung. Falls in den Interviews eine Verkehrsmittelentscheidung zuerst genannt wurde, z.b. „Ich wollte am Sonntag mal etwas mit dem Fahrrad unternehmen", so war dies stets zugleich eine eigenständige Aktivität („Fahrradtour"), die als „Fortbewegung als Selbstzweck" verstanden wurde. Auch Erklärungen für das Verkehrshandeln wie „Sonntag wollte ich in Bonn verbringen", wurden in den Interviews nicht sofort als eine Teilentscheidung für einen Zielort verstanden. Vielmehr wurde nachgefragt, welche Aussage damit implizit gemeint war – z.b. „um die Stadt zu besichtigen" oder „um Bekannte dort zu treffen/besuchen" – und diese als Aktivitätsentscheidung dann ebenfalls mit berücksichtigt. Ähnliches galt auch für die Aktivität „zu Hause bleiben", die neben der reinen Orts- auch eine Verkehrsmittelaussage enthält, nämlich keines zu benutzen und nicht unterwegs zu sein wie auch eine Aktivitätsaussage („Freizeit zu Hause"), welche im Rahmen der Analysen nicht näher differenziert wurde.

Abb. 3: Vier Entscheidungstypen zum Verkehrshandeln in der Freizeit

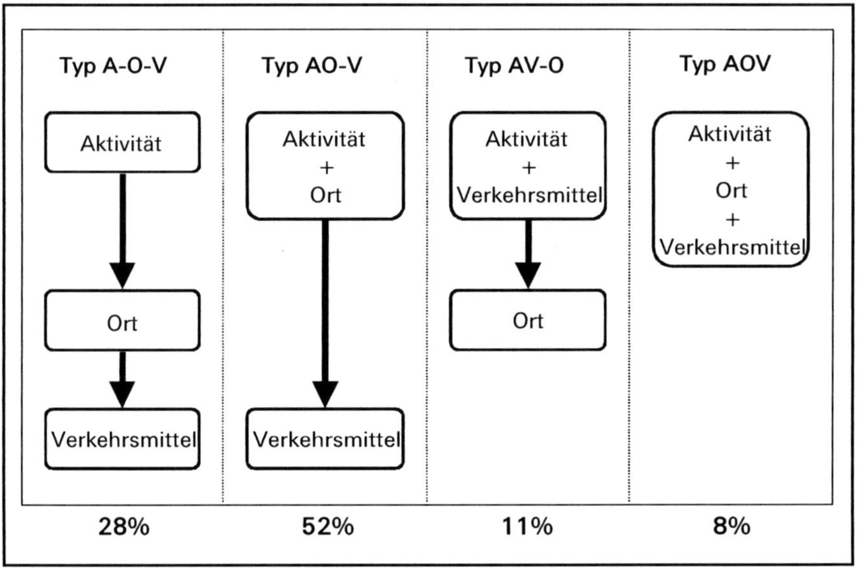

Quelle: eigene Erhebung N=430 Entscheidungssituationen

Mit diesem Verständnis ergaben sich aus den Interviews vier unterschiedlich häufig auftretende Kombinationen von Entscheidungsabläufen (vgl. Abb. 3). Erstens der in Modellen zur Verkehrsmodellierung in der Regel angenommene und deshalb nachfolgend „klassisch" genannte Fall des Typs A–O–V, dass zunächst die Aktivitäts- und in Abhängigkeit davon zweitens die Orts- und schließlich drittens unter diesen beiden Voraussetzungen die Verkehrsmittelentscheidung fällt. Dieser Entscheidungsverlauf kann zum Beispiel beim Besuch eines Cafés oder beim Treffen mit Freunden für eine Freizeitaktivität auftreten. Entgegen der verbreiteten Erwartung tritt dieser Entscheidungstyp mit etwas mehr als einem Viertel der Fälle jedoch deutlich seltener auf als der Typ AO–V mit etwa der Hälfte aller Fälle. Beim Typ AO–V fällt zunächst die Aktivitäts- gemeinsam mit der Ortsentscheidung und erst anschließend die Verkehrsmittelentscheidung, wie zum Beispiel häufig beim Besuch von Verwandten oder Freunden, wo die Aktivität zugleich auch schon den Aktivitätsort mitbestimmt. Vergleichsweise unbedeutend sind die zwei weiteren Entscheidungstypen AV–O und AVO, die in jeweils etwa einem Zehntel der Entscheidungssituationen auftreten. Im dritten Typ AV–O werden zunächst gleichzeitig die Freizeitaktivität und das Verkehrsmittel festgelegt, der Zielort erst anschließend. Spaziergänge, Fahrrad- oder Autotouren sind Beispiele für diesen Fall. Schließlich fallen im vierten Typ AOV alle drei Teilentscheidungen gleichzeitig, was jedoch in den Interviews nur im Fall des „Zuhause-Bleibens" auftrat.

Bezogen auf die Freizeitreisen, d.h. abgesehen von dem Fall des „Zuhause-Bleibens", ergeben sich aus der Empirie somit nur drei Entscheidungsverläufe zum Verkehrshandeln in der Freizeit. Wie sich bei dem Vergleich von Reisezwecken mit Entscheidungsverläufen zeigt, besteht ein signifikanter Zusammenhang zwischen diesen beiden Faktoren (Abb. 4). Demnach ist der häufigste Entscheidungstyp AO–V bei allen Freizeitreisezwecken von großer Bedeutung, Reisen für Soziale Kontakte werden sogar fast ausschließlich nach diesem Ablauf geplant. Dagegen ist der Entscheidungsverlauf AV–O nur für Natur-/Fortbewegungsreisen bedeutsam, insbesondere wenn die Fortbewegung als Aktivität im Vordergrund steht. Schließlich ist der „klassische" Entscheidungsverlauf A–O–V, wie er in den drei- oder vierstufigen Modellen zur Verkehrsumlage implizit angenommen wird, vorwiegend im Zusammenhang mit Freizeit-Infrastruktur bedeutsam, also dem traditionellen Feld und Interessensgebiet der Verkehrs- und Stadtplanung. Alleine für Reisen zu Freizeit-Infra-

Abb. 4: Entscheidungstypen Verkehrshandeln Freizeit nach Reisezweck

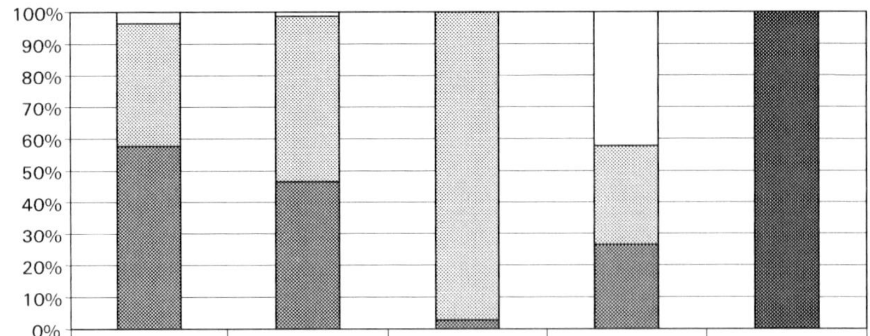

	Freizeit-Infrastruktur	Sozialer Kontakt & FZI	Sozialer Kontakt	Natur / Fortbewegung	zu Hause
AOV	0%	0%	0%	0%	100%
AV-O	4%	1%	0%	42%	0%
AO-V	39%	52%	97%	31%	0%
A-O-V	58%	46%	3%	26%	0%

Quelle: eigene Erhebung N=430 Entscheidungssituationen

struktur ist der Typ A–O–V der häufigste Entscheidungstyp. Werden Soziale Kontakte mit Freizeit-Infrastruktur auf einer Freizeitreise kombiniert, wird bereits häufiger nach dem Typ AO–V entschieden.

Aus der unterschiedlichen Bedeutung der Entscheidungsverläufe je nach Reisezweck lassen sich drei wesentliche Schlussfolgerungen ziehen: jeweils eine für Fortbewegung als Selbstzweck, für Soziale Kontakte und für Freizeit-Infrastruktur. Erstens unterscheidet sich Fortbewegung als Selbstzweck von den meisten anderen Verkehrszwecken wie Berufs- oder Einkaufsmobilität nicht nur weil der Verkehr nicht zielortgebunden ist und nicht nur der schnellen Raumüberwindung dient. Vielmehr unterscheidet sich auch der Entscheidungsverlauf von den anderen Freizeit- und Verkehrszwecken, weil die Verkehrsmittelnutzung Teil der Freizeitaktivität ist und folglich eine zentrale Bedeutung für die Entscheidung zum Verkehrshandeln hat. Somit haben die Qualitäts- und Erlebnisattribute von Verkehrsmitteln, wie z.B. Komfort, Aussicht, Bewegungserlebnis oder ähnliches, eine entscheidende Bedeutung für die Aktivitäts- und Verkehrsmittelentscheidung, während funktionale Merkmale wie Geschwindigkeit, Preis oder Erreichbarkeiten für Fortbewegung als Selbstzweck an Bedeutung verlieren. Hier können die Qualitäten nicht-motorisierter Fortbewegung, die gerade auch durch ihre Langsamkeit ein stärkeres Erleben der Fortbewegung selbst oder der Umgebung ermöglichen, an Bedeutung gewinnen (vgl. auch Tab. 1). In Abschnitt fünf wird auf diesen Punkt noch weiter eingegangen werden.

Zweitens sind für Soziale Kontakte die gleichzeitigen Aktivitäts- und Ortsentscheidungen des Typs AO–V weitaus häufiger als für andere Freizeitreisen. Da die Zielorte mit der Aktivitätsentscheidung bereits feststehen, gibt es nur wenig Flexibilität bei der Auswahl der Zielorte, die häufig den Wohnungen der Bevölkerung entsprechen und damit dispers im Raum verteilt liegen. Private Pkw ermöglichen derzeit aufgrund der dispersen Lage der Wohnungen im Stadtgebiet oder Umland eine gute Erreichbarkeit, zumal hierfür auch besonders die Erreichbarkeit in Abendstunden oder am Wochenende wichtig ist. Eine Alternative mit anderen Verkehrsmitteln – abgesehen von der Kombination Öffentlicher Verkehrsmittel mit Taxen – besteht häufig nicht, wenn die Zielorte von Besuchen im suburbanen oder ländlichen Raum liegen, so dass hierfür der Pkw heute das bei Weitem dominierende Verkehrsmittel ist.

Drittens schließlich entsprechen Freizeit-Infrastruktur-Reisen am ehesten der „klassischen" Entscheidungsfolge des Typs A–O–V und damit den Vorstellungen traditioneller Stadt- und Verkehrsplanung. Zahlreiche verschiedenartige Freizeitaktivitäten, die häufig durch kommerzielle oder andere Anbieter geprägt sind, werden unter diesem Zweck zusammengefasst. Die räumliche Verteilung der zugehörigen Zielorte folgt häufig ähnlichen Mustern wie der Einzelhandel, d.h. je nach Qualität und Quantität des Angebots werden Zielgruppen entweder im Nahbereich von Stadtvierteln oder in einem größeren Einzugsbereich angesprochen. In letzterem Fall liegen die Einrichtungen häufig innenstadtnah oder in der städtischen Peripherie. Bereits seit vielen Jahrzehnten beschäftigen sich Stadtplanung und -politik unter anderem mit der Lage solcher Freizeiteinrichtungen, so dass auch der damit verbundene Freizeitverkehr sich bereits seit längerem eines größeren Interesses von Politik oder Planung sicher sein kann. Ohne den Gedanken an dieser Stelle weiter ausführen zu können, wird vermutet, dass hierin auch der Grund liegt, warum den Reisen zu Freizeit-

Infrastruktur von der Verkehrs- und Mobilitätsforschung im Vergleich zu Sozialen Kontakten oder zur Fortbewegung als Selbstzweck deutlich mehr Aufmerksamkeit geschenkt wird. Die Konsequenzen zeigen sich etwa auch bei den BMBF-Projekten im Förderschwerpunkt Freizeitverkehr, in dem sich mehrere Projekte mit großen Freizeitanlagen beschäftigen, jedoch keines mit Reisen für Soziale Kontakte und nur eines unter anderem auch mit Fortbewegung als Selbstzweck (vgl. www.freizeitverkehr.de).

Zusammenfassend bestätigt die Betrachtung der Entscheidungsabläufe, dass sich die Freizeitreisen je nach Zweck sehr deutlich voneinander unterscheiden und insofern eine gleichzeitige Betrachtung und Erklärung der Entstehung von Freizeitmobilität als Ganzes wenig erfolgversprechend erscheint. Vielmehr ist eine Unterscheidung zwischen Freizeitreisen für erstens Freizeit-Infrastruktur, zweitens Soziale Kontakte und drittens Fortbewegung als Selbstzweck sinnvoll.

5   Gestaltungsoptionen Freizeitmobilität

Im vorhergehenden Abschnitt wurde gezeigt, dass Veränderungen des Verkehrshandelns weniger ein Verändern von Wahlentscheidungen als vielmehr von Routinen bedeuten. Als Konsequenz ergibt sich die Schwierigkeit, dass Gestaltungsoptionen auf Routinehandeln Bezug nehmen und besonders an Situationen interessiert sein müssen, an denen es – aus welchen Gründen auch immer – zu Routinewechseln kommt. Aufgabe im Sinne eines nachhaltigen Verkehrshandelns ist dann die Gestaltung eines entsprechenden Routinehandelns.

Des Weiteren wurde darauf verwiesen, dass das Verkehrshandeln nicht nur aus einer Verkehrsmittelentscheidung besteht, sondern vielmehr auch noch eine Aktivitäts- und Zielortentscheidung beinhaltet, welche das Verkehrshandeln in der Freizeit möglicherweise stärker beeinflussen als die Verkehrsmittelentscheidung. Im Gegensatz zur Berufs-, Ausbildungs-, Geschäfts- oder auch Einkaufsmobilität besteht das Besondere der Freizeitmobilität also gerade darin, dass die Freizeitaktivitäten individuell variiert werden können und nicht gleichermaßen über einen längeren Zeitraum konstant bleiben wie Beruf oder Einkaufsgelegenheiten.

Nachfolgend werden Gestaltungsoptionen für drei Prototypen der Freizeitmobilität, die sich aus den Ergebnissen des vorangehenden Abschnitts ergeben und sich hinsichtlich Aktivitäten und Entscheidungsverläufen voneinander unterscheiden, diskutiert (vgl. Tab. 3).

Erstens für „Freizeit-Infrastruktur mit dem Typ A–O–V", d.h. für häufig kommerziell betriebene Einrichtungen, bestehen Gestaltungspotentiale sowohl bei der Wahl von Freizeitaktivitäten, -orten wie auch -verkehrsmitteln. Die in der Verkehrsforschung und -planung verbreiteten Gestaltungsoptionen wie etwa durch die räumliche Planung der Lage von Freizeiteinrichtungen, die Erschließung dieser Ziele mit attraktiven Verkehrsmitteln oder der Einbezug relevanter Akteure in politisch-planerische Entscheidungsprozesse lassen hier vielfältige Optionen. Auch wenn sich viele der heutigen Anstrengungen auf die Verbesserung alternativer Verkehrsangebote zum privaten Pkw und deren Kommunikation beschränken, bleiben zudem Optionen der Raumerschließung, aber auch übergreifendere Optionen mit Auswirkungen auf die Aktivitätsgestaltung. So erscheint unbestritten, dass die räumliche Nähe von Aktivi-

Tab. 3: Prototypen Freizeitmobilität und Gestaltungsoptionen

Prototypen Freizeitmobilität	Gestaltungsoptionen
Freizeit-Infrastruktur mit Entscheidungstyp A–O–V	• Art der Freizeitaktivitäten • Zielorte • Verkehrsmittel
Soziale Kontakte mit Entscheidungstyp AO–V	• Verkehrsmittel

Quelle: eigener Entwurf

tätsorten auch eine verstärkte Nutzung derselben zur Folge hat ('Intervening opportunities'). Somit können also auch möglicherweise verschiedene Freizeitaktivitäten gegeneinander ausgetauscht werden, wenn die eine besser erreichbar als die andere ist und dadurch Potentiale zur Verkehrsreduzierung erschlossen werden.

Zweitens gibt es für „Soziale Kontakte mit Typ AO–V" bisher keine direkt darauf ausgerichteten planerischen oder politischen Instrumente. Soziale Kontakte sind bisher eine von der Verkehrs- und Mobilitätsforschung weitgehend ausgeblendete Dimension von Freizeitreisen, obwohl dafür erhebliche Anteile motorisierter Distanzen zurückgelegt werden. Durch die Gleichzeitigkeit von Aktivitäts- und Ortsentscheidung besteht im Gegensatz zur Freizeit-Infrastruktur weder die Möglichkeit die Aktivität an einem anderen Ort auszuführen noch ist denkbar, dass politische oder planerische Instrumente auf eine Reduzierung oder Einschränkung Sozialer Kontakte abzielen. Allerdings findet ein Teil der Sozialen Kontakte auch als Treffen in Freizeit-Infrastruktur, in Parkanlagen oder ähnlichem statt. In diesen Fällen ist zumindest denkbar, dass die nahräumliche Versorgung mit attraktiven Möglichkeiten zum Treffen – diese können je nach Alter, Lebensstil, Religion oder Einkommen sehr unterschiedlich sein – die Notwendigkeit zum Zurücklegen großer Distanzen reduziert. Wegen der beschränkten Gestaltungsoptionen, welche im Wesentlichen nur die Verkehrsmittelnutzung betreffen, und der überwiegend dispersen Verteilung der Zielorte, ist ein flächen- und zeitdeckendes Angebot eines Öffentlichen Verkehrssystems für Soziale Kontakte eine wesentliche Voraussetzung als Alternative zum privaten Pkw. Ergänzend kann eine Strategie, die auf die Förderung einer Alltagsmobilität ohne eigenes Auto abzielt, die Nachfrage nach einem solchen umfassenden Verkehrssystem verstärken.

„Fortbewegung als Selbstzweck mit dem Entscheidungsverlauf AV–O" ist der dritte Prototyp, bei dem also im ersten Schritt zugleich über Verkehrsmittel und Freizeitaktivität entschieden wird, wie z.B. für einen Spaziergang, eine Fahrrad- oder eine Autotour. Charakteristisch ist in diesem Fall, dass die Verkehrsteilnahme schon selbst der Hauptzweck ist, es also keine Aktivität gibt, die an einem speziellen Zielort ausgeübt werden soll, sondern das Unterwegssein selbst das Ziel ist. Ohne Zweifel wird diese Form der Verkehrsteilnahme bisher von Planung und Politik wenig beachtet und bedarf insofern besonderer Aufmerksamkeit. Zum einen kann nämlich davon ausgegangen werden, dass es in der Tat ein menschliches Bedürfnis nach Bewegung gibt, worin sich möglicherweise andere Bedürfnisse wie das Erleben von etwas Neuem, Abwechslung, einmal Rauskommen etc. ausdrücken. Zum anderen kann damit aber auch nicht mehr behauptet werden, dass dieser Verkehr vermeidbar und nicht notwendig ist. Gestaltungsoptionen können und sollten also nicht darauf abzielen, diesen Verkehr zu verhindern sondern vielmehr ihn in einer sozial- und umweltverträglichen Weise zu gestalten, in erster Linie durch das Fördern von nichtmotorisierter Mobilität und Bewegung anstelle motorisierten Rumfahrens. Auch wenn mit verschiedenen Verkehrsmitteln möglicherweise verschiedene Bedürfnisse wie z.B. nach Thrill oder nach ruhiger Erholung erfüllt werden, spricht einiges für die Vermutung, dass auch Thrill- oder Geschwindigkeitserlebnisse bei Motorrad- oder Auto-Touren auf nicht-motorisierte Verkehrsmittel übertragen werden können etwa beim Mountainbiken oder Inline-Skaten (vgl. LANZENDORF 2002). Für die Suche nach Gestaltungsoptionen müssen Politik und Planung solche Mobilität und die zugrundeliegenden Bedürfnisse zunächst einmal ernst nehmen, was bisher noch eher die Ausnahme ist. Zweitens sollten wohnortnahe Angebote die Fortbewegung als Selbstzweck in einer großen Vielfalt und nicht-motorisiert ermöglichen.

6   Zusammenfassung

Über die Untersuchung individueller Entscheidungsprozesse zum Verkehrshandeln wurde der Frage nachgegangen, welche Bedeutung Routinen und Teilentscheidungen zu Freizeitaktivitäten, -zielen und -verkehrsmitteln für die Entstehung von Freizeitmobilität haben und welche Konsequenzen sich daraus für die Gestaltung nachhaltiger Freizeitmobilität ergeben. Ausgangsthese der Untersuchung war unter anderem die Erkenntnis, dass die in der Verkehrsforschung häufige Selbstbeschränkung auf die Erklärung der Verkehrsmittelnutzung im Kontext von Freizeitmobilität zu eng gefasst ist und damit wesentliche Teilfragen des Verkehrshandelns, nämlich die Freizeitaktivitäts- und Zielortentscheidungen im Alltagskontext, ausgeblendet werden.

Die empirischen Ergebnisse zeigten erstens, dass die Verkehrsmittelentscheidungen – im Vergleich zu den Aktivitäts- und Zielortentscheidungen – wesentlich häufiger routinisiert fallen. Der Begriff „Verkehrsmittelwahl" führt deshalb in die Irre, unterstellt er doch eine tatsächliche Auswahl von Alternativen, was in der Realität jedoch nur in den seltensten Fällen zutrifft. Zweitens fallen die Teilentscheidungen zu Freizeitaktivität, -ort und -verkehrsmittel nur relativ selten nacheinander und in dieser Reihenfolge. Am häufigsten ist der Fall, dass zunächst und gleichzeitig über Aktivität und Zielort entschieden wird sowie anschließend über das Verkehrsmittel. Je nach Freizeit-Reisezweck unterscheiden sich die Entscheidungsabläufe deutlich voneinander, so dass hierin ein Beleg für die Vielfalt der unter Freizeitmobilität zusammengefassten Verkehre gesehen wird. Drittens ergibt sich in der Konsequenz hieraus – wie auch aus anderen Unterschieden zwischen verschiedenen Freizeitzwecken –

die Forderung, bei der Suche nach Gestaltoptionen zwischen verschiedenen Typen der Freizeitmobilität zu unterscheiden.

Für die Suche nach Möglichkeiten der Gestaltung eines nachhaltigeren Freizeitverkehrs verweist die große Bedeutung von Routinen für das Verkehrshandeln auf die Schwierigkeit Verhaltensänderungen zu erreichen. Routinen des Verkehrshandelns sind fest im Alltagshandeln der Individuen verankert. Veränderungsmöglichkeiten ergeben sich deshalb in erster Linie dann, wenn sich der Lebensalltag ändert, was vorrangig durch langfristig bedeutsame Entscheidungen wie z.b. die Gründung einer Familie oder einen Wohnsitzwechsel geschieht. In jedem Fall ergibt sich in der Konsequenz die Notwendigkeit des Einbezugs langfristiger Entscheidungen in die Verkehrsforschung.

Schließlich wurde auf Möglichkeiten der Gestaltung von Freizeitmobilität anhand von drei Prototypen des Freizeit-Verkehrshandelns eingegangen. Während die traditionellen und vorwiegend kommerziellen Freizeiteinrichtungen die größten Chancen für Veränderungen durch Möglichkeiten der Stadt- und Verkehrsplanung haben, sind Soziale Kontakte lediglich durch grundlegende und umfassende Veränderungen des Angebots und systematische Alternativen zum motorisierten Individualverkehr hinsichtlich des Verkehrshandelns beeinflussbar – Fortbewegung als Selbstzweck stellt gleichfalls neue Herausforderungen an Verkehrsforschung, -planung und -politik, die diese Form der Freizeitmobilität als Verkehrsteilnahme zunächst einmal ernst nehmen und diesem dann verstärkte Anstrengungen widmen müssen. Gleichwohl scheint es gerade für das Bedürfnis nach Fortbewegung erhebliche Potentiale bei nicht-motorisierten Alternativen zu Motorrad oder Pkw zu geben.

Literatur

AARTS, Henk und Ap DIJSTERHUIS (2000): The automatic activation of goal-directed behaviour: the case of travel habit. In: Journal of Environmental Psychology 20, S. 75-82

BAMBERG, Sebastian (1996): Habitualisierte Pkw-Nutzung: Integration des Konstrukts „Habit" in die Theorie des geplanten Verhaltens. In: Zeitschrift für Sozialpsychologie 27, S. 295-310

BECKMANN, Klaus J. (1988): Vom Umgang mit dem Alltäglichen. Aufgaben und Probleme der Infrastrukturplanung. Karlsruhe (= Schriftenreihe des Instituts für Städtebau und Landesplanung, 21)

ESSER, Hartmut (1991): Alltagshandeln und Verstehen. Zum Verhältnis von erklärender und verstehender Soziologie am Beispiel von Alfred Schütz und „Rational Choice". Tübingen (= Die Einheit der Gesellschaftswissenschaften, 73)

FRIEDRICHS, Jürgen, Martin STOLLE und Konstantin SAPOURIDIS (1994): Situation und Entscheidung. Empirisches Praktikum SS 1993 und WS 93/94. Köln: Forschungsinstitut für Soziologie der Universität (Vervielfältigtes Manuskript)

HAUTZINGER, Heinz, Andreas KNIE und Manfred WERMUTH (1997): Mobilität und Verkehr besser verstehen. Dokumentation eines interdisziplinären Workshops am 5. und 6. Dezember 1996 in Berlin. Berlin (= WZB Discussion Paper FS II 97-101)

HEINZE, Wolfgang G. und Heinrich H. KILL (1997): Freizeit und Mobilität. Neue Lösungen im Freizeitverkehr. Hannover

HERZ, Raimund (1979): Stadtplanung für den Alltag. In: Institut für Städtebau und Landesplanung, Universität Karlsruhe (Hrsg.): Seminarberichte 1979. Aktivitätsmuster für die Stadtplanung. Karlsruhe. S. 9-31.

KNIE, Andreas (1997): Eigenzeit und Eigenraum: Zur Dialektik von Mobilität und Verkehr. In: Soziale Welt 47, S. 39-54

KRÄMER-BADONI, Thomas und Georg WILKE (1997): Städtische Automobilität zwischen Autobesitz und Autolosigkeit. Wuppertal (= Mitteilungen 1/97 aus dem Forschungsverbund Ökologisch verträgliche Mobilität)

KUNZ, Volker (1997): Theorie rationalen Handelns. Konzepte und Anwendungsprobleme. Opladen

LANZENDORF, Martin (2001): Freizeitmobilität. Unterwegs in Sachen sozial-ökologischer Mobilitätsforschung. Trier (= Materialien zur Fremdenverkehrsgeographie, 56)

LANZENDORF, Martin (2002): Rollendes Vergnügen. Vom Spass am Unterwegssein. In: Politische Ökologie 20, S. 39-41

LÜDTKE, Hartmut (1995): Zeitverwendung und Lebensstile. Empirische Analysen zu Freizeitverhalten, expressiver Ungleichheit und Lebensqualität in Westdeutschland. Marburg (= Marburger Beiträge zur Sozialwissenschaftlichen Forschung, 5)

VERPLANKEN, Bas, Henk AARTS, Ad van KNIPPENBERG und Anja MOONEN (1998): Habit versus planned behaviour: a field experiment. In: British Journal of Social Psychology 37, S. 111-128.

WEHLING, Peter und Thomas JAHN (1998): Verkehrsgeneseforschung – ein innovativer Ansatz zur Untersuchung der Verkehrsursachen. Arbeitsbericht Subprojekt 4 des CITY:mobil Forschungsverbunds. Freiburg (= Forschungsbericht stadtverträgliche Mobilität, 5)

Hautzinger, Heinz (Hrsg.): Freizeitmobilitätsforschung –Theoretische und methodische Ansätze. Mannheim 2003, S. 105 - 118 (= Studien zur Mobilitäts- und Verkehrsforschung, Bd. 4)

Thesen und Argumente zu den häufigsten Behauptungen zur Freizeitmobilität

Herbert Gstalter (München)

Zusammenfassung

Dieser Aufsatz ist eine Zusammenstellung von häufig gelesenen und gehörten Meinungen zum Thema Mobilität in der Freizeit. Sie werden aus Sicht des Autors kommentiert. Die Thesen betreffen den Status und Trends in der Freizeitmobilität, deren Motive und Formen, die Rolle des Automobils und den Einfluss persönlicher, sozialer und räumlicher Teilnahmevoraussetzungen an Mobilität in der Alltags- und Erlebnisfreizeit. Als Argumente für die Stellungnahme werden überwiegend Daten aus eigenen Untersuchungen im Projektverbund ALERT („Alltags- und Erlebnisfreizeit") benutzt.

Summary

This paper compiles repeatedly stated opinions on leisure time mobility and comments upon them from the authors perspective. These postulates refer to the current state and future trends in leisure mobility, its forms and motives, the role of the car and the impact of personal, social and local variables affecting every-day and week-end leisure mobility. Evidence and data supporting the arguments are mainly taken from own studies in the context of the ALERT ("Alltags- und Erlebnisfreizeit") project.

1 Größenordnung und Wachstum der Freizeitmobilität

Kaum ein Fachartikel, geschweige denn ein Forschungsantrag zum Thema, verzichtet auf eine Einleitung, die folgendes festhält: Freizeitmobilität sei der quantitativ größte Sektor im Personenverkehr, hätte in der jüngeren Vergangenheit das größte Wachstum erfahren und werde weiterhin große Zuwächse verzeichnen. Richtig ist zunächst: Für Freizeitzwecke wird die größte Verkehrsleistung erbracht. Dies gilt im Übrigen nicht nur für die Gesamtheit der zurückgelegten Personenkilometer, sondern auch für jedes einzelne Verkehrsmittel getrennt (Ausnahme: Luftverkehr). Tabelle 1 zeigt die Entwicklung der Größenordnung der Freizeitverkehrsleistung in Milliarden Personenkilometern nach Verkehrsmitteln getrennt.

Tab. 1: Verkehrsleistung in Mrd. Personenkilometern zu Freizeitzwecken (ohne Urlaubsreisen).

Verkehrsmittel	1976	1989	1991	1993	1995	1997	1999
Fußwege	12,9	12,5	16,2	16,6	17,0	16,9	16,8
Fahrrad	5,6	8,5	10,9	11,2	11,6	11,6	11,5
ÖStPV	18,0	21,0	27,6	26,5	25,9	24,7	25,7
Eisenbahn	13,6	12,9	18,5	19,3	21,3	22,5	24,4
MIV	205,7	247,1	301,8	315,2	322,7	324,9	326,8
Luftverkehr	0,5	0,6	0,6	0,7	0,8	0,9	1,8

Zusammengestellt nach: Bundesministerium für Verkehr, Bau- und Wohnungswesen 2001

Ein Blick auf die Tabelle bestätigt auch die zweite Aussage: Es hat ein starkes Wachstum der Freizeitverkehrsleistung gegeben. Man sieht aber auch, dass seit den frühen neunziger Jahren ein asymptotischer Verlauf der Verkehrsleistung eingetreten ist. Zur Zeit stagniert die Größenordnung der Freizeitmobilität auf hohem Niveau. Dies entspricht durchaus der allgemeinen Entwicklung der Personenverkehrsleistung, wie CHLOND, MANZ & ZUMKELLER (2002) gezeigt haben (vgl. Tabelle 2).

Tab. 2: Zentrale Kenngrößen des Personenverkehrs in ihrer zeitlichen Entwicklung

	Kontiv 1976	Kontiv 1982	Kontiv 1989	Panel 1994	Panel 1995	Panel 1996	Panel 1997	Panel 1998	Panel 1999	Panel 2000
Anteil mobiler Personen [%]	90,0	82,2	85,0	91,9	93,9	92,9	92,0	91,4	92,2	91,7
Wege/(Person x Tag) Anzahl	3,09	3,04	2,75	3,32	3,39	3,46	3,62	3,57	3,51	3,47
Reisezeitbudget [h:min]	1:08	1:12	1:01	1:19	1:20	1:21	1:22	1:21	1:23	1:22
Kilometer/(Person x Tag) [km]	26,9	30,5	26,9	39,3	39,2	39,6	40,4	39,7	38,6	38,8
Durchschnittl. Wegelänge [km]	8,7	10,0	9,8	11,8	11,5	11,5	11,5	11,1	11,0	11,2

(aus CHLOND, MATZ & ZUMKELLER 2002)

Man kann erkennen, dass insbesondere auch das sog. Weitenwachstum zum Stillstand gekommen ist, d.h. die pro Tag und Person zurückgelegten km nehmen nicht mehr zu. Dies erklärt sich hauptsächlich aus der seit Mitte der neunziger Jahre nicht mehr ansteigenden Pkw-Verfügbarkeit (für die Teilgruppe der Männer unter 40 Jahren ist sie sogar seit 1995 rückläufig).

Die Prognose eines weiter stark steigenden Freizeitverkehrs erscheint zweifelhaft. Die Hauptbegründung dafür liegt in der Einschätzung der Entwicklung von Faktoren, die in der Vergangenheit zum Ansteigen der Freizeitmobilität geführt haben: Bei der PKW-Verfügbarkeit ist eine Sättigung eingetreten; die Realeinkommen werden tendenziell eher sinken; es gibt Hinweise auf weitere Verteuerungen des Benzins und vor allem wird sich die demografische Entwicklung eher mobilitätssenkend auswirken. Wir werden zwar zweifellos in Zukunft die mobilsten Senioren aller Zeiten erleben, aber im Vergleich zu den zahlenmäßig stark zurückgehenden jüngeren Jahrgängen sind sie naturgemäß weniger mobil. Diese Einschätzung bezieht sich auf den Freizeitverkehr, nicht die Urlaubsmobilität; hier sind andere Entwicklungen durchaus denkbar.

Zusammenfassend lässt sich feststellen: Freizeit ist tatsächlich der größte Verkehrszweck und hat starke Zuwächse — absolut wie relativ zu anderen Verkehrszwecken — zu verzeichnen gehabt. Ein Blick auf aktuelle Daten und Überlegungen zur Entwicklung verkehrsbeeinflussender Faktoren lassen für die nähere Zukunft eher eine Stagnation des Freizeitverkehrs auf dem heutigen Niveau erwarten.

2 Qualitative Veränderungen von Freizeitmobilität, Freizeitbegriff und Freizeitaktivitäten

Seit dem Beginn der Erforschung des Phänomens Freizeit wird auf ihre stete Veränderung hingewiesen. Dies bezieht sich zum Teil auf gesellschaftliche Veränderungen, auf gewandelte Mobilitätsleitbilder und Lebensstile, veränderte Wertvorstellungen und daraus resultierende neue Formen der Freizeitmobilität (Freizeitgroßeinrichtungen, „Events", „Urban Entertainment Centers"). Die Bedeutung der Freizeit für den einzelnen Bürger, aber auch für gesellschaftliche Gruppen verändere sich zunehmend in Richtung eines „kollektiven Freizeitparks", einer Spaßgesellschaft, in der die „Fungeneration" stets auf der Suche nach dem ultimativen Kick sei. Dabei löse sich auch der Gegensatz zwischen Arbeit und Freizeit immer mehr auf (HEINZE & KILL, 1997), wodurch auch zeitliche Änderungen in den Freizeitverkehren entstünden.

Ich möchte hier zu drei Thesen kurz Stellung nehmen: Hat sich der Freizeitbegriff wirklich gewandelt? Wie sieht heute die zeitliche Verteilung der Freizeitmobilität im Wochenverlauf aus? Welche quantitative Bedeutung haben neue Formen der Freizeitmobilität?

2.1 Freizeitbegriff: Welche Tätigkeiten gehören zur Freizeit, welche nicht?

Im Rahmen des Projektes ALERT haben wir in einer repräsentativen bundesweiten Studie Personen ab 14 Jahren eine Liste mit 59 Tätigkeiten vorgelegt (n=960). Sie mussten dabei auf einer 11er Skala für jede Tätigkeit entscheiden, in welchem Maße diese Freizeitcharakter besitzt. Die Ergebnisse sind ausführlich in FASTENMEIER, GSTALTER & LEHNIG (2001a) dokumentiert. In Tabelle 3 geben wir lediglich einen Vergleich der Einschätzung solcher Tätigkeiten wieder, die mit denen einer ähnlichen Arbeit von SCHEUCH (1962) in etwa korrespondieren.

Tab. 3: Vergleich der Einstufung verschiedener Tätigkeiten als zur Freizeit gehörig zwischen 1962 und 2001

Tätigkeiten	Gehört zur Freizeit		Teils/teils		Gehört nicht dazu	
	1962	2001	1962	2001	1962	2001
Sich ausruhen/etwas schlafen	77,3	60,1	12,4	22,1	10,3	16,9
Gartenarbeit	41,0	34,2	29,5	29,5	29,5	36,3
Hausarbeit	11,7	7,5	16,0	11,0	72,3	81,4
Fernsehen	75,0	64,3	17,4	22,7	7,6	12,9
Um Schulaufgaben der Kinder kümmern	28,6	26,5	32,1	31,6	39,3	41,9
Besuche machen	71,9		22,9		5,2	
Freunde		79,1		14,9		6,0
Verwandte		47,7		32,9		19,3
Allgemeinbildung verbessern	45,0	36,7	33,0	28,1	22,0	35,2
Berufliche Weiterbildung	30,8	7,7	31,8	17,2	37,4	75,1
Sich mit politischen Fragen beschäftigen	34,9	18,2	33,8	21,8	31,3	60,0
Einkaufsbummel	65,5	54,6	21,5	25,2	12,9	20,2
Einkaufen	23,4		23,4		53,2	
Supermarkt		10,0		21,2		68,9
Textilien		26,4		30,5		43,2
Kaufhaus		17,0		26,9		56,1
Markt		16,7		30,4		52,9
Theater, Konzerte, andere kulturelle Veranstaltungen	88,3	69,8	8,6	13,4	2,1	16,8
Vereinsleben	52,9	28,5	31,0	26,7	16,1	44,7
Betätigung in Berufs- verbänden u. ä.	28,6	5,5	35,7	11,4	35,7	83,0
Am kirchlichen Gemeinde- leben teilnehmen	50,0	26,6	33,0	22,1	17,0	51,3

(aus FASTENMEIER, GSTALTER & LEHNING 2001a)

Folgende Trends lassen sich erkennen:

- Kontemplative Tätigkeiten scheinen eher an Freizeitwert verloren zu haben; anscheinend ist der Freizeitbegriff heute aktiver besetzt.
- Viele Formen sozialen Engagements werden weniger als früher zur Freizeit gerechnet (politische, religiöse, gewerkschaftliche, vereinsbezogene, teilweise sogar familiäre Aktivitäten). Dieser Effekt ist schon des öfteren beobachtet und mit Begriffen wie „Entsolidarisierung" bezeichnet worden. Gemeint ist eine Abwendung von herkömmlichen sozialen Wertvorstellungen hin zu mehr Individualismus, Hedonismus und postmaterialistischen Werten.

- Die Entkoppelung von Arbeit und Freizeit ist stärker als zuvor, auch die berufliche Weiterbildung hat fast überhaupt keinen Freizeitanteil behalten. Noch drastischer ist die Zurückweisung eines Zusammenhanges bei Dienstreisen und dem Weg zur Arbeit, geschweige denn zwischen Freizeit und der beruflichen Arbeit als solcher (nicht im Vergleich enthalten, weil bei SCHEUCH nicht erhoben). Für die genannten Tätigkeiten entfielen die Mediane über alle Befragten in die extremste Kategorie einer 11er Skala („Tätigkeit hat keinerlei Freizeitcharakter").

2.2 Zuhause und auswärts verbrachte Freizeit

Gesellschaftliche Veränderungen, insbesondere solche, die die Arbeitswelt betreffen (z.B. andere, kürzere Arbeitsverträge, veränderte Arbeitszeiten, mehr Teilzeitarbeit, Trend zu Tele- und Heimarbeit, verstärkte Arbeitslosigkeit) werden oft als Erklärung bzw. Prognosehintergrund für veränderte Freizeitgewohnheiten herangezogen. So wird gern im Zusammenhang mit der These, die Gegensätze zwischen Arbeit und Freizeit verschwämmen immer mehr, behauptet, dass sich die Verteilung der freien Zeit und damit auch die in der Freizeit außer Haus verbrachte Zeit vom Wochenende weg hin zu den Wochentagen verschiebe. Mag dies vielleicht später einmal eintreten oder nicht, die aktuelle Situation ist nach wie vor durch eine klassische Dominanz des Wochenendes bei Freizeit und außerhäusiger Freizeit gekennzeichnet, wodurch die gröbsten Probleme im Freizeitverkehr ja auch nach wie vor entstehen. Abbildung 1 zeigt die Verteilung der Antworten auf die Frage, wo die Freizeit an verschiedenen Wochentagen verbracht wird. Dieses Ergebnis konnte in zwei weiteren, großen, repräsentativen Stichproben repliziert werden. Die zugehörigen Zeitbudgetverteilungen finden sich in FASTENMEIER, GSTALTER & LEHNIG (2001a) bzw. LEHNIG, FASTENMEIER & GSTALTER (2003).

Abb. 1: Zeitliche Verteilung des Freizeitaufenthalts an verschiedenen Wochentagen

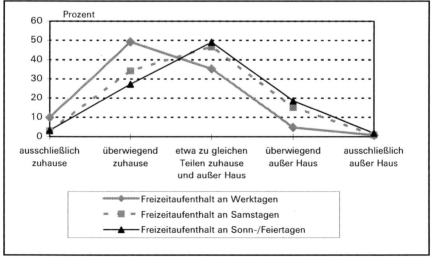

(aus FASTENMEIER, GSTALTER & LEHNING 2001a)

Nach wie vor zeigt sich das bekannte Bild: Während wochentags der überwiegende Teil der Freizeit zu Hause verbracht wird, konzentrieren sich die außerhäusigen Freizeitaktivitäten auf das Wochenende.

2.3 Neue Freizeitaktivitäten?

Der Ausflug ins Grüne wird zur „Outdoor activity", Rollschuhlaufen zu „Inline-skating", der Stadtbummel führt ins „Urban Entertainment Center", Großereignisse heißen „Events" und der Besuch im Biergarten mit 10000 Sitzplätzen findet plötzlich in einer „Freizeitgroßeinrichtung" statt: nur alter Wein in neuen Schläuchen oder wirklich neue Formen der Freizeit und dadurch induzierter Verkehr? Während manches wirklich nur anders klingt, hat es bestimmte Formen von Aktivitäten bzw. Freizeitangeboten in dieser Form früher so sicher nicht gegeben (z.B. Freizeitparks, zum Teil handelt es sich auch um eher herkömmliche Aktivitäten, aber dann in verkehrlich anderen Lagen). Akzeptiert man die erwähnten Formen der Freizeitaktivitäten als neue Mobilitätserzeuger, stellt sich die Frage nach ihrer Größenordnung und damit ihrer verkehrspolitischen bzw. -planerischen Bedeutsamkeit. Bei Loose (2002) entfielen weniger als ein Prozent der Freizeitwege auf Besuche in Freizeitparks und „Entertainment Centers", wir erhielten bei Tiefeninterviews und repräsentativen Regionalbefragungen mit Wegetagebüchern noch geringere Werte. Bundesweit ist also hier keine neue große Aufgabe bei der Bewältigung der so induzierten Mobilität zu sehen. Dagegen sind aber selbstverständlich im lokalen Sinne erhebliche Anstrengungen nötig, um den Verkehr zu bzw. an solchen Zielpunkten zu planen und zu regeln. Die ganz überwiegende Verkehrsleistung wird bei der Freizeitmobilität nach wie vor durch herkömmliche Aktivitäten erzeugt.

Zusammenfassend kann festgehalten werden: Tatsächlich gibt es einen Wertewandel, der sich in einem geänderten Verständnis des Freizeitbegriffs zeigt. Dies hat aber nicht zu Verwischungen der Grenzen zwischen Arbeit und Freizeit geführt, sondern im Gegenteil: der begriffliche Gegensatz zwischen Arbeit und Freizeit ist so trennscharf wie nie zuvor. Als Freizeit wird all das begriffen, was Spaß macht und nicht zur Arbeit gehört. Eine zeitliche Verlagerung der Freizeitmobilität im Sinne einer Entlastung des Wochenendes ist bisher kaum zu bemerken. Eine Flut neuer Formen bzw. Bezeichnungen für Freizeitaktivitäten steht im Gegensatz zur deutlichen Dominanz ganz herkömmlicher Freizeitbeschäftigungen und erzeugt daher überwiegend lokale Probleme.

3 Stand der Forschung zur Freizeitmobilität

Nicht nur in Anträgen zu Forschungsvorhaben wird die gewaltige Verkehrsleistung im Freizeitbereich gern einem Erkenntnisdefizit gegenüber gestellt. Dennoch sind in den letzten Jahren insbesondere im deutschsprachigen Raum große Fortschritte bei der Erforschung der Freizeitmobilität gemacht worden. Dies gilt in erster Linie für die Beschreibung des Mobilitätsverhaltens in der Freizeit. Während über Jahrzehnte der Verkehrszweck Freizeit als unspezifische Restkategorie indirekt erschlossen werden musste — z.B. aus den KONTIV-Daten —, gibt es mittlerweile viele Untersuchungen, die den Freizeitbegriff bei empirischen Erhebungen nicht nur positiv definiert, sondern sogar differenziert nach diversen einzelnen Freizeitaktivitäten verwendet haben. Beispielhaft seien hier die Arbeiten von DALKMANN (2000), FASTEN-MEIER, GSTALTER & LEHNIG (2001a), GÖTZ, JAHN & SCHULTZ (1998), LANZENDORF (2001, 2002), LEHNIG, FASTENMEIER & GSTALTER (2003), LEHNIG, GSTALTER & FASTENMEIER (2003), ZÄNGLER (2000) genannt. Eine explizite Erhebung von Freizeitmobilität findet auch im neuen KONTIV-Design und im Mobilitätspanel statt. Ein wesentlicher Fortschritt der letzten Jahre besteht auch in der getrennten Erfassung von Alltagsmobilität, Wochenendfreizeit und Tagesausflügen, die zu jeweils sehr unterschiedlichen Erscheinungsformen des Freizeitverkehrs führen. Inzwischen liegen also belastbare Daten vor, die die Analyse einzelner Freizeitwegezwecke nach personalen, sozialen und räumlichen Variablen erlauben und im Sinne einer möglichen Beeinflussung des Mobilitätsverhaltens die Bildung von Zielgruppen ermöglichen.

Die in den vergangenen Jahren gesammelten Daten liefern aber nicht nur Beschreibungen des Phänomens Freizeitmobilität, sondern bieten auch Erklärungen für das Verhalten an. So sind mehrfach die Motive ermittelt worden, die Menschen zu bestimmten Zwecken freizeitmobil machen (vgl. ausführlich FASTENMEIER, GSTALTER & LEHNIG 2001b, zusammenfassend GSTALTER & FASTENMEIER 2002). Dazu folgen in Kapitel 4 weitere Informationen.

Natürlich gibt es weiteren Forschungsbedarf in der Zukunft. Neben der Schließung weiterer Wissenslücken über Zustandekommen und Erscheinungsformen von Freizeitmobilität sollte aber vor allem weitere Arbeit in Versuche der Beeinflussung des Freizeitverkehrs gesteckt werden. Hier geht es um die Entwicklung von Konzepten für nachhaltigeren Verkehr, insbesondere um die Umsetzung in konkrete Maßnahmen. Dabei gilt es festzustellen, welche Art von Maßnahmen für welche Problemlage angemessen ist und welche Merkmale eine Übertragung von Lösungen ermöglichen bzw. verhindern. Schließlich sollten in diesem Bereich gewonnene Erkenntnisse für Planer in Form von Leitfäden oder Checklisten verfügbar gemacht werden. Diese Information sollte im Idealfall helfen, die richtigen Maßnahmen zu wählen und durchzuführen.

Wünschenswert wäre auch eine transparente, frei verfügbare Datenbasis zur Freizeitmobilität, die die vielen in den letzten Jahren erfassten Informationen erhält. Dies ist allerdings eine Arbeit, die über die Bereitschaft zur Kooperation verschiedenster Institutionen hinaus durchaus als arbeitsintensiv und anspruchsvoll eingeschätzt werden muss. Trotzdem wäre davon ein erheblicher forschungsökonomischer Gewinn zu erwarten.

4   Motive für Freizeitmobilität

Motive für Freizeitmobilität werden oft analytisch in drei Teile zerlegt: Man möchte hin zu einem Zielort, eigentlich nur unterwegs sein oder weg von zu Hause. Die Fluchtthese ist dabei meist aus wohnpsychologischer Perspektive interpretiert worden (FUHRER & KAISER 1994). Für die Lust am Unterwegssein wird dagegen oft ein eigenes Mobilitätsbedürfnis postuliert (z.B. ADAC 1987). Welche Rolle spielen diese beiden Motive nun wirklich bei der Erzeugung von Freizeitmobilität?

Wir haben unseren Probanden bei einer *Erlebnisfreizeitbefragung* die drei Grund-dispositionen vorgegeben und sie im Hinblick auf den von ihnen geschilderten Ausflug gebeten, die treffendste Bedürfnislage zu nennen. Dabei ergab sich eine eindeutige Reihung: In 69,3 % wollten die Befragten hin zu einem Zielort; in immer-hin 24,6 % der Ausflüge wurde das Motiv „gern unterwegs sein" angegeben. Auf das Fluchtmotiv „von zu Hause weg" entfielen gerade 6,1 % der Nennungen. Prüft man die Verteilung auf die drei Grundtendenzen für einzelne Aktivitäten, zeigt sich der Einfluss des Motivs unterwegs zu sein vor allem bei Spaziergängen, Spazier-fahrten mit dem Auto und Radtouren, z.T. auch bei „aktiv Sport treiben". Die Bedeu-tungslosigkeit des Fluchtmotivs zeigt sich besonders deutlich in der Antwortstruktur auf eine verfeinerte Liste von 15 „Einzelmotiven", die verschiedene Dimensionen mobilitätsrelevanter Motivbündel operationalisieren (siehe Tab. 4; vgl. auch den Beitrag von FASTENMEIER in diesem Band). In Bezug auf den geschilderten Ausflug sollten die Interviewpartner die Liste dieser 15 Einzelmotive durcharbeiten und jeweils entscheiden, ob sie eine Rolle gespielt hatten (stimmt/stimmt nicht); wurde mehrmals „stimmt" angekreuzt, wurde nach dem primären Motiv gefragt: „Welche von den Aussagen trifft es am besten?". Von den 280 Interviews wurden dabei die

Tab. 4: Zustimmung in Prozent für Einzelmotive bei Freizeitmobilität am Wochenende

Einzelmotive	stimmt nicht	stimmt	stimmt am besten
bestimmte Person treffen	50,4	25,7	23,9
sicher und geborgen fühlen	93,9	6,1	0,0
unter Menschen sein	53,2	41,8	5,0
machen können, was ich will	64,6	34,6	0,7
weg von häuslichen Konflikten	93,9	6,1	0,0
Suche nach Abwechslung	39,6	49,6	10,7
Decke fiel auf den Kopf	85,7	12,9	1,4
gerne unterwegs sein	45,0	47,9	7,1
brauchte Bewegung	50,0	42,9	7,1
wollte ganz ich selbst sein	89,3	9,6	1,1
frei und unabhängig sein	84,3	14,6	1,1
aus der öden Umgebung raus	84,6	15,4	0,0
Natur und Landschaft genießen	41,1	38,2	20,7
etwas für die Gesundheit tun	63,2	35,7	1,1
wollte mich erholen	34,6	56,1	9,3

(aus LEHNIG, FASTENMEIER & GSTALTER 2002)

Items, die die soziale Flucht („weg von häuslichen Konflikten") oder die räumliche Flucht („aus der öden Umgebung heraus") operationalisierten, kein einziges Mal genannt. Die wenigen Fälle, in denen das Grundmotiv „von zu Hause weg" genannt wurde, erklären sich offenbar mit dem Gesellungsbedürfnis, also der „Flucht vor der Einsamkeit": Immerhin 5 % gaben als primäres Einzelmotiv „wollte unter Menschen sein" an.

Zusammenfassend lässt sich festhalten: Freizeitmobilität ist ganz überwiegend zielgebunden. Der Wunsch, unterwegs zu sein spielt dabei oft als ein sekundäres Motiv mit. Die Fluchtthese lässt sich nur in seltenen Einzelfällen belegen.

Die dominanten Motive für Freizeitmobilität sind in der Alltagsfreizeit der Wunsch nach sozialen Kontakten und das Bedürfnis nach Abwechslung; am Wochenende tritt der Wunsch nach Bewegung und Naturerleben als dritte wesentliche Motivlage hinzu. Diese Motive dürften wohl eher als „legitim" angesehen werden als das unnötige und sinnlose Herumfahren, welches oft mit der Flucht- oder Unterwegsseinthese assoziiert wird und dadurch zu Klassifizierungen des Freizeitverkehr als „substituierbarer" Verkehr gelangt (KLÜHSPIESS 1999).

5 Wie spontan ist Freizeitmobilität?

Freizeit und insbesondere Freizeitmobilität werden oft mit Spontaneität assoziiert (z.B. ADAC 1987, HEINZE & KILL 1997). In unserer Studie zum subjektiven Freizeitbegriff (FASTENMEIER, GSTALTER & LEHNIG 2001a) war das Adjektiv „spontan" eines in einem semantischen Differential mit insgesamt 13 Gegensatzpaaren (vgl. Abb. 2).

Abb. 2: Mediane einer Liste von Gegensatzpaaren zur Beschreibung des Freizeitbegriffs

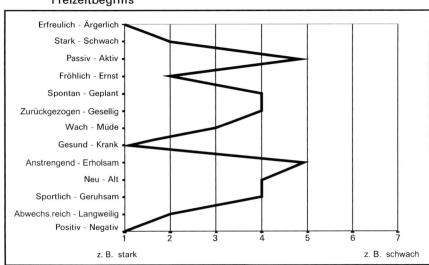

(aus FASTENMEIER, GSTALTER & LEHNING 2001a)

Wie aus Abbildung 2 ersichtlich, wurden dem Freizeitbegriff einige Eigenschaften in extrem affirmativer Weise zuerkannt (erfreulich, gesund, positiv). Ob Freizeit eher spontan oder geplant sei verblieb jedoch in der neutralen Mitte und dies muss wohl dahingehend interpretiert werden, dass beides gleichermaßen zutreffen mag. Man muss also wesentlich genauer nachfragen. Präzisieren wir zunächst den Freizeitbegriff zu „Erlebnisfreizeit an Wochenenden" und differenzieren nach verschiedenen Aktivitäten, ergibt sich die Darstellung aus Abbildung 3.

In Tiefeninterviews mit 280 Personen, die uns einen Wochenendausflug schilderten, baten wir um Beantwortung der Frage: *„Welche Aussage trifft eher auf ihren Ausflug zu? A: Er wurde ganz spontan, kurzfristig und ohne große Planung gemacht. B: Er wurde im voraus gut durchgeplant."* Die Antwortverteilung zeigt, dass nur eine nach Aktivität unterschiedliche Beantwortung der Frage nach dem Grad der Spontaneität Sinn macht. Spontane

Abb. 3: Anteil spontaner (statt:geplanter) Aktivitäten am Wochenende in Prozent

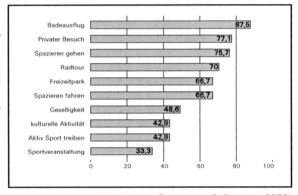

(aus LEHNIG, FASTENMEIER & GSTALTER 2002)

Elemente überwiegen offenbar bei wetterabhängigen Tätigkeiten, treten andererseits zurück, wenn Anfangszeiten, Preise etc. für Veranstaltungen einen gewissen Planungsaufwand unvermeidlich machen.

Um ein nicht seltenes Missverständnis zu vermeiden, sei auch noch die folgende Abbildung gestattet.

Auf die Frage: *„Haben Sie diesen Ausflug schon öfter mal in dieser oder ähnlicher Form gemacht?"* ergab sich die Antwortverteilung der Abbildung 4. Sie verdeutlicht, dass auch als spontan eingestufte Aktivitäten (z.B. der Badeausflug) in dieser Form nur selten „neu" sind; auch spontane Entscheidungen rufen also meist bekannte Muster von Aktivitäten auf. Die weitere Befragung zeigte darüber hinaus, dass diese

Abb. 4: Gewohnheitsanteil an Freizeitaktivitäten am Wochenende in Prozent

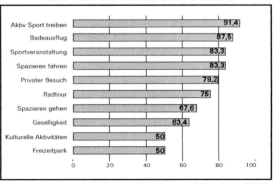

(aus LEHNIG, FASTENMEIER & GSTALTER 2002)

Ausflugsvarianten oft schon seit vielen Jahren bestanden und sehr häufig durchge-führt worden waren.

Letztlich macht die Betrachtung des Einflusses der Spontaneität aber nur wirklich Sinn, wenn entschieden werden kann, welche Teile einer Freizeithandlung spontan, geplant oder routiniert ablaufen. Wir haben dazu den Entscheidungsprozeß genauer untersucht. Gliedert man die Entscheidung nach ihren zentralen Komponenten und fragt den Automatisierungsgrad getrennt ab, ergeben sich die Daten der Tabelle 5.

Tab. 5: Automatisierungsgrad von Entscheidungen in der Wochenendfreizeit

Entscheidungsebene	Automatisierungsgrad pro Entscheidungsebene (in %)		
	spontan	geplant	Routine
genau wohin	24,7	**67,1**	8,2
welcher Tag	31,4	**63,6**	5,0
zu welcher Tageszeit	40,1	**52,4**	7,5
auf welchem Weg	15,9	36,4	**47,7**
mit welchem Verkehrsmittel	4,1	24,1	**71,9**

(aus LEHNIG, FASTENMEIER & GSTALTER 2002)

Die Wahl der Route zu einem Freizeitziel und noch viel mehr die Entscheidung über das zu wählende Verkehrsmittel erfolgen überwiegend gewohnheitsmäßig. Bei der Wahl des Zielortes und des Zeitfensters für den Ausflug kommen größere Anteile von Spontaneität zustande, werden aber vom Anteil geplanter Elemente dominiert.

Ein weiterer Konkretisierungsgrad ergibt sich natürlich, wenn man Tabelle 5 für die häufigsten Freizeitaktivitäten getrennt erstellt. Wir haben dies sowohl für die Alltags- als auch die Wochenendfreizeit getrennt getan und in LEHNIG, FASTENMEIER & GSTALTER (2002) dargestellt; hier würde dies den Rahmen sprengen.

Zusammenfassend halten wir fest: Beim Grad der Spontaneität einer Freizeit-handlung muss nach der Art der Aktivität unterschieden werden, da dies zu sehr verschiedenen Ergebnissen führt. Entscheidungen zur Freizeitmobilität sind zwar häufig spontan, rufen aber oft routinierte Verhaltensmuster auf. Die Wahl eines Zielortes für eine Freizeitaktivität enthält spontane Elemente, aber noch mehr Pla-nungselemente. Die Wahl des Verkehrsmittels und der Strecke zum Ziel sind ganz überwiegend gewohnheitsmäßig.

6   Ist das Auto ein „Freizeitmobil"?

Die Dominanz des Automobils als Träger der Freizeitmobilität ist beeindruckend (vgl. Tabelle 1). Die Gründe für diese Bevorzugung sind oft untersucht worden und gut bekannt (z.B. LEHNIG in diesem Band). Nun wird aus dieser Tatsache häufig der Schluss gezogen, der PKW werde vor allem als Freizeit- und Urlaubsmobil empfun-

den (z.B. HEINZE & KILL, 1997). Wir haben unsere bundesweit repräsentative Haushaltsbefragung (FASTENMEIER, GSTALTER & LEHNIG, 2001a) genutzt, um der Frage nach-
zugehen, in welchem Maße zum Auto der Gedanke an Freizeit assoziiert wird. Dazu
haben wir den Befragten ein semantisches Differential vorgelegt, mit dem sie verschiedene Verkehrsmittel bzw. Formen der Fortbewegung nach ihrem Freizeitbezug
skalieren sollten. Abbildung 5 stellt die dabei ermittelten Mediane dar (n=960).

Abb. 5: Freizeitbezug verschiedener Arten der Fortbewegung

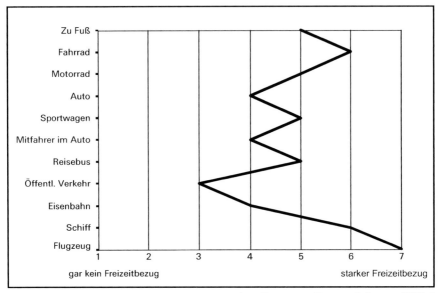

(aus FASTEMEIER, GSTALTER & LEHNING 2001a)

Die Antwortverteilung in Abbildung 5 verdeutlicht, in welchem Maße verschiedene Verkehrsmittel einen Freizeitbezug für die Befragten hatten, weniger im Sinne
einer realen Benutzung als vielmehr einer mentalen Nähe der Begriffe Freizeit einerseits und der Vorstellung verschiedener Verkehrsmittel andererseits. Zunächst
sieht man, dass alle beurteilten Verkehrsmittel prinzipiell mit Freizeitbezügen „gela-
den" werden können; die beiden linken Spalten bleiben vollständig frei. Trotzdem
unterscheiden sich die Verkehrsmittel erheblich, wobei dem Flugzeug der stärkste
Freizeitbezug zugeordnet wird. Für die meisten Befragten war die Vorstellung, im
Flugzeug zu sitzen, offenbar direkt mit dem Flug in den Urlaub verbunden. Ähnliches gilt für das Schiff, das wohl für die wenigsten eine von Freizeitaktivitäten ent-
koppelte Bedeutung besitzt. Erfreulich — auch im Sinne von Strategien zur Veränderung der Verkehrsmittelwahl im Freizeitverkehr — ist die Tatsache, dass das Fahrrad
gleich stark freizeitbezogen gesehen wird. Vergegenwärtigt man sich die Ergebnisse
des semantischen Differentials zum Freizeitbegriff und seiner extrem positiven Bedeutung, kann man die vorliegende Skala als eine Art Sympathierating für die ein-

zelnen Verkehrsmittel deuten. Das Rad hat somit ein gutes Image und ließe sich entsprechend erfolgreich als Freizeitalternative zum motorisierten Individualverkehr bewerben. Das Auto — ob als Mit- oder Selbstfahrer — fällt in die neutrale Mitte der Skala. Dies überrascht zunächst, ist doch zweifellos das Auto *der* Träger der Freizeitmobilität überhaupt. Die Interpretation muss wohl lauten: Das Auto ist das *Universalverkehrsmittel* schlechthin und wird damit also auch in der Freizeit genutzt, aber: es hat eigentlich nichts „freizeitspezifisches" an sich. In die selbe Klasse fällt die Eisenbahn, während die Verkehrsmittel im ÖV als einzige auf der linken (also eigentlich als negativ zu beurteilenden) Seite der Skala angesiedelt sind. Leider entspricht dies vielen Untersuchungen über Sympathiebewertungen und das Image des Nahverkehrs (mit Ausnahme der Straßenbahn, die allein beurteilt oft besser abschneidet).

7 Fazit

- Der Freizeitverkehr hat in den letzten Jahren erheblich zugenommen und stellt den größten Verkehrszweck dar. Für die nächsten Jahre lässt sich aber eher eine Stagnation der Verkehrsleistung im Freizeitbereich prognostizieren.
- Der Freizeitbegriff hat sich in den letzten Jahrzehnten stark gewandelt; der Gegensatz zwischen Arbeit und Freizeit war noch nie so trennscharf wie heute.
- Das Wissen über Freizeitmobilität ist stark angewachsen. Das gilt nicht nur für Beschreibungen manifesten Verkehrs, sondern auch für zugrundeliegende Motive für Mobilität. Zukünftige Arbeiten sollten vor allem Maßnahmenkonzepte für nachhaltigeren Freizeitverkehr und ihre Übertragbarkeit fokussieren.
- Die Fluchtthese zur Erklärung von Freizeitmobilität kann weitgehend vernachlässigt werden. Auch der Wunsch, unterwegs sein, hat meist nur die Bedeutung eines sekundären Motivs. Primäres Motiv in der Freizeitmobilität ist das Aufsuchen von Orten, die Abwechslung, Naturerleben und soziale Kontakte ermöglichen.
- Der Grad der Spontaneität einer Freizeithandlung hängt stark von der konkreten Aktivität ab. Spontane Entscheidungen, freizeitmobil zu werden, ziehen oft gewohnte Verhaltensmuster nach sich. Die Wahl eines Zielortes und eines Zeitfensters für eine Freizeitaktivität enthalten spontane Elemente, dennoch überwiegen hier Planungselemente. Die Wahl des Verkehrsmittels ist ganz überwiegend eine gewohnheitsmäßige, fast nie spontane Entscheidung.
- Das Auto ist das Universalverkehrsmittel schlechthin und damit auch der dominante Träger der Freizeitmobilität, aber das Auto als solches ist nicht das Freizeitmobil per se. Das Radfahren und auch das zu Fuß gehen werden wesentlich stärker mit Freizeit assoziiert.

Literatur

ADAC (1987): Mobilität. 2. Auflage, München

Bundesministerium für Verkehr, Bau- und Wohnungswesen (2001): Verkehr in Zahlen 2001/2002. Hamburg

CHLOND, Bastian, Wilko MANZ & Dirk ZUMKELLER (2002): Stagnation der Verkehrsnachfrage - Sättigung oder Episode? In: Internationales Verkehrswesen 54, S. 396 - 412

DALKMANN, Holger (2000): Freizeitmobilität in Leipzig. Teilbericht 9 im Rahmen des UBA-Modellvorhabens: „Umweltverträglicher Einkaufs- und Freizeitverkehr". Wuppertal Institut für Klima, Umwelt und Energie. Wuppertal

FASTENMEIER, Wolfgang (2003): Ein Erklärungsansatz für Motive und Aktivitäten in Alltags- und Erlebnisfreizeit. In: HAUTZINGER, Heinz (Hrsg.): Freizeitmobilitätsforschung – Theoretische und methodische Ansätze. Mannheim 2003, S. 59-73 (= Studien zur Mobilitäts- und Verkehrsforschung, 4)

FASTENMEIER, Wolfgang, Herbert GSTALTER & Ulf LEHNIG (2001a): Subjektiver Freizeitbegriff und Mobilitätsmuster. Ergebnisse einer bundesweiten Haushaltsbefragung. München (= Berichte aus dem Institut mensch-verkehr-umwelt, 1)

FASTENMEIER, Wolfgang, Herbert GSTALTER & Ulf LEHNIG (2001b): Erklärungsansätze zur Freizeitmobilität und Konzepte zu deren Beeinflussung. München (= Berichte aus dem Institut mensch-verkehr-umwelt, 2)

FUHRER, Urs & Florian G. KAISER (1994): Multilokales Wohnen: Psychologische Aspekte der Freizeitmobilität. Bern

GÖTZ, Konrad, Thomas JAHN & Irmgard SCHULTZ (1997): Mobilitätsstile – ein sozial-ökologischer Untersuchungsansatz. Frankfurt a. M.(= City:mobil Forschungsverbund)

GSTALTER, Herbert & Wolfgang FASTENMEIER (2002): Motive und Aktivitäten in Alltags- und Erlebnisfreizeit. In: BECKMANN, Klaus J. (Hrsg.): Tagungsband zum 3. Aachener Kolloquium Mobilität und Stadt. RWTH Aachen: Institut für Stadtbauwesen. Aachen, S. 83-90 (= Stadt Region Land, 73)

HEINZE, Wolfgang & Heinrich KILL (1997): Freizeit und Mobilität. Neue Lösungen im Freizeitverkehr. Hannover

KLÜHSPIESS, Johannes (1999): Stadt-Mobilität-Psyche. Mit gefühlsbetonten Verkehrskonzepten die Zukunft urbaner Mobilität gestalten? Basel (= Stadtforschung aktuell)

LANZENDORF, Martin (2001): Freizeitmobilität. Unterwegs in Sachen sozial-ökologischer Mobilitätsforschung. Trier (= Materialien zur Fremdenverkehrsgeographie, 56)

LANZENDORF, Martin (2002): Freizeitmobilität verstehen? Eine sozial-ökologische Fallstudie in vier Kölner Stadtvierteln. In: GATHER, Matthias & Andreas KAGERMEIER (Hrsg.). Freizeitverkehr. Hintergründe, Probleme, Perspektiven. Mannheim, S. 13-34 (= Studien zur Mobilitäts- und Verkehrsforschung, 1)

LEHNIG, Ulf, Wolfgang FASTENMEIER & Herbert GSTALTER (2003): Tiefeninterviews zur Alltags- und Erlebnisfreizeit: Dokumentation der Ergebnisse. München (= Berichte aus dem Insitut mensch-verkehr-umwelt, 3)

LEHNIG, Ulf, Herbert GSTALTER & Wolfgang FASTENMEIER (2003): Aktivitätsmuster in der Freizeitmobilität: Ergebnisse einer Befragung mit Mobilitätstagebüchern. München (*im Druck*)

LEHNIG, ULF (2003): Die Rolle der Gewohnheit bei der Verkehrsmittelwahl in der Freizeitmobilität. In: HAUTZINGER, Heinz (Hrsg.): Freizeitmobilitätsforschung – Theoretische und methodische Ansätze. Mannheim 2003, S. 75-87 (= Studien zur Mobilitäts- und Verkehrsforschung, 4)

LOOSE, Willi (2002): Freizeitverkehr. In: *Öko-Institut e. V.* (Hrsg.): Freizeitgesellschaft zwischen Umwelt, Spaß und Märkten. Freiburg, S.115-136

SCHEUCH, Erwin K. (1977): Soziologie der Freizeit. In: KÖNIG, René (Hrsg.): Handbuch der empirischen Sozialforschung, Bd. II. Stuttgart, S. 1-192

ZÄNGLER, Thomas W. (2000): Mikroanalyse des Mobilitätsverhaltens in Alltag und Freizeit,. Berlin

Studien zur Mobilitäts- und Verkehrsforschung

Herausgegeben von M. Gather, A. Kagermeier und M. Lanzendorf

MetaGIS - Systems
Raumbezogene Informations- und Kommunikationssysteme
Wissenschaftlicher Fachbuchladen im WWW
Enzianstr.62 – D 68309 MANNHEIM
E-Mail: info@metagis.de
Online: www.metagis.de – www.fachbuchladen.info
Tel.: +49 621 72739120 – Fax.: +49 621 72739122